AF125343

Evelyn Steinthaler

MAG'S IM HIMMEL SEIN,
MAG'S BEIM TEUFEL SEIN

EVELYN STEINTHALER

MAG'S IM HIMMEL SEIN, MAG'S BEIM TEUFEL SEIN

STARS UND DIE LIEBE UNTER DEM HAKENKREUZ

INHALT

Und dort sehen wir jene kommen
Denen er ihre Weiber genommen
Jetzt werden sie arisch gepaart.
Da hilft kein Fluchen und Klagen
Sie sind aus der Art geschlagen
Er schlägt sie zurück in die Art.

Bertolt Brecht,
Furcht und Elend des Dritten Reichs

LIEBE IN ZEITEN DES TERRORS

Bruno Balz schrieb den Text für den Schlager »Kann denn Liebe Sünde sein?«, den Zarah Leander 1938 im Film *Der Blaufuchs* sang. Balz wusste, wie so viele andere in Deutschland ab 1933, nur zu gut um die Sünde, zu der die Liebe in der NS-Zeit geworden war. Selbst bekennend schwul, wurde er in den Jahren des NS-Terrors wiederholt wegen seiner Homosexualität verhaftet. Beim zweiten Mal retteten die Ufa und der Komponist Michael Jary den Texter aus der Haft, da Jary den Behörden eindrücklich erklärte, dass er ohne Balz nicht weiter an dem Zarah Leander-Film *Die große Liebe* arbeiten könne.

Mit der Auflage innerhalb von 24 Stunden die Texte zu schreiben, wurde Balz aus der Haft entlassen. In diesen Stunden entstanden Texte für die Leander-Lieder »Ich weiß, es wird einmal ein Wunder geschehen« und »Davon geht die Welt nicht unter«.[1] Weiß man von den Umständen, unter denen Balz diese Texte schrieb, lassen sie sich nicht alleine auf die Geschicke NS-Deutschlands und die im Film erzählten Geschichten, sondern auch auf Balz' Schicksal bezogen lesen.

Nazideutschland verlangte gesetzlich nichts außer der Liebe zwischen Mann und Frau, und diese nur zwischen Angehörigen »deutschen Blutes« und »artverwandten Blutgemeinschaften«.[2] Beziehungen zwischen Juden und Nichtjuden wurden auf Grundlage der »Nürnberger Gesetze« mit dem Vorwurf der »Rassenschande«

ab 1935 gesetzlich verfolgt. Liebesbeziehungen, die von den Nationalsozialisten in ihrem Wahn als »undeutsch« und »rassezersetzend« verstanden wurden, standen im Fokus ihrer rassistischen Politik.

Wie drang diese Ideologie aber so rasch und unerbittlich in die Liebesbeziehungen ein, und was geschah 1933, im Jahr der nationalsozialistischen »Machtergreifung«, mit der Liebe, als Bücher verbrannten und ein Riss durch die deutsche Gesellschaft ging? Und fünf Jahre später, 1938, was geschah in Österreich, als der braune Terror nicht schleichend durch die Hintertür, sondern durch das blumengeschmückte Tor einzog?

Bereits ab 1933 versuchte der deutsche Staat Einfluss auf die Partnerwahl seiner BürgerInnen zu nehmen, spätestens aber mit den sogenannten »Nürnberger Gesetzen« von 1935 waren Liebesbeziehungen zwischen Juden und Nichtjuden verboten.

Begriffe wie »Mischehe« und »Rassenschande« gehörten bald zum gängigen Sprachgebrauch in Deutschland. Die romantische Liebe, die erst im 18. Jahrhundert im Westen annähernd ihre heutige Bedeutung errungen hatte, rückte auf einmal ins Zentrum des Staatsinteresses und sollte vor allem dem Aufbau einer rassisch einwandfreien »Volksgemeinschaft« dienen. Was aber geschah, wenn man sich in Deutschland nach der »Machtergreifung« 1933 in den oder die »Falsche/n« verliebte, wenn man schon längst mit jemandem in einer Liebesbeziehung lebte, der nun zu den vom Staate Geächteten gehörte?

Versuchte der nationalsozialistische Staat, Beziehungen, die auf romantischer Liebe basierten, durch ideologisch genehme Partnerschaften zu ersetzen, und dienten diese tatsächlich nur mehr der Fortpflanzung zum Wohle des Staates?

Veränderten sich Beziehungen, die nicht mehr der gesellschaftlichen Norm entsprachen und unter dem Damoklesschwert der politisch geforderten Trennung weitergelebt wurden?

Welchen Einfluss hatte eine vom Staat getragene Dämonisierung auf die Bevölkerungsgruppe des Partners oder der Partnerin? Und wie lange hielt unter dem politischen Druck der Schwur der unauflöslichen Verbindung, den man sich bei der Vermählung gegeben hatte?

Welchen Schikanen waren Liebespaare in Nazideutschland ausgesetzt, die interkonfessionell, oder, wie es in der NS-Diktion hieß, »gemischtrassig« verheiratet oder liiert waren und im Rampenlicht standen?

Wie hielten es jene, die die Bevölkerung in Propagandafilmen des NS-Regimes unterhielten, vom Kriegsalltag ablenkten, gleichzeitig aber um ihre Liebe kämpften oder diese um der Karriere willen aufgaben?

Mit der »Machtergreifung« der Nationalsozialisten standen auch die privaten Verbindungen der Stars nicht mehr nur im Fokus der deutschen Klatschpresse. Die neue politische Situation stellte die Möglichkeiten von Liebesbeziehungen zur Diskussion. Mit einem Mal ergab sich die Frage inwieweit es für die Karriere opportun war, in einer Partnerschaft zu verbleiben, die von den neuen Machthabern verfemt wurde. Denn wer wen liebte war mit einem Mal nicht mehr privat. Die Liebe wurde bespitzelt und denunziert.

Ob Juden und Nichtjuden in Lebensgemeinschaften lebten oder miteinander verheiratet waren, war für die braunen Machthaber von großem Interesse, entsprach es doch nicht der von ihnen entworfenen Gesellschaft, wenn Angehörige der »deutschen Volksgemeinschaft« Lebensgemeinschaften mit Juden unterhielten. Bei bloßem Interesse blieb es allerdings nicht: Auf Menschen, die

gemäß den »Nürnberger Gesetzen« in sogenannten »Mischehen«
lebten, wurde massiv Druck ausgeübt, und nur bedingt konnten
interkonfessionelle Ehen für den jüdischen Teil notwendigen
Schutz vor Verfolgung bieten.

Ehe für alle?

Seit der reichsweiten Einführung der Zivilehe im Jahr 1875 war
es Deutschen unterschiedlichen Glaubens möglich zu heiraten.
Man musste Dank der Zivilehe nicht mehr eine gemeinsame Kon-
fession wählen, um den Bund fürs Leben überhaupt schließen zu
können.

Unter den Habsburgern war es in der Donaumonarchie aufgrund der Maigesetze bereits ab 1868 möglich, die sogenannte
»Notzivilehe« einzugehen, die BürgerInnen des Vielvölkerstaates
eine Eheschließung unabhängig von Konfessionen ermöglichte.
Damit war ein wichtiger und notwendiger Schritt für konfessio-
nelle Gleichberechtigung innerhalb der jeweiligen Gesellschaft
gesetzt. Gerade das jahrhundertelange Bestreben der jüdischen
Emanzipation, die den Weg der Juden in Fragen der Religionsausübung, des Rechts und der sozialen Gleichstellung von der diskri-
minierten Minderheit zu einem anerkannten Teil der christlich-
dominierten Gesellschaft ebnen sollte, wurde im 19. Jahrhundert
mit dem politischen Antisemitismus konfrontiert.

1897 fand in Basel der erste Zionistenkongress unter der Leitung
Theodor Herzls statt, bei dem erstmals die Forderung nach einer
»Heimstätte für Juden« formuliert wurde.[3] Darin sah man Ende
des 19. Jahrhunderts vor allem die notwendige Möglichkeit, einen
sicheren Ort für verfolgte und unterdrückte Juden zu finden,
schließlich waren die Pogrome gegen Juden in Osteuropa kein Geheimnis. So stand für die am Zionistenkongress in Basel teilneh-
menden Juden und Jüdinnen fest, dass man sich gegen die Übergriffe organisieren musste. Die zionistische Bewegung erhielt,

wenig verwunderlich, als Reaktion auf den stärker werdenden Antisemitismus breiten Zuspruch.

Mit seinem 1879 veröffentlichten Pamphlet *Der Sieg des Judenthums über das Germanenthum* prägte der politisch linksstehende Journalist Wilhelm Marr den Begriff des modernen Antisemitismus. Damit wurde dem religiös motivierten Hass auf Juden eine politisch rassistische Feindschaft gegenüber allem Jüdischen zur Seite gestellt.[4] Die jedoch, wie Theodor Herzl unterstrich, klar von einander unterschieden werden mussten.[5] Der aus Magdeburg stammende Marr gründete ohne nennenswerten Erfolg die »Antisemiten-Liga« und gab deren Zeitschrift *Die neue deutsche Wacht* heraus. Zeitlich parallel kam es zum sogenannten »Berliner Antisemitismusstreit« zwischen dem jüdischen Historiker Heinrich Graetz und seinem antisemitischen Widerpart, Heinrich von Treitschke.

Zur Diskussion stand die Position der Juden innerhalb der deutschen Kultur. 1882 folgte in Dresden, wo die Stimmung in der zweiten Hälfte des 19. Jahrhunderts bereits deutlich völkisch geprägt war, der erste »Internationale Antijüdische Kongress organisierter Antisemiten«.[6]

Die rasante Entwicklung der massiven antijüdischen Politik war aber nicht auf Deutschland alleine beschränkt: Frankreich wurde in den 1890er-Jahren von der »Affäre Dreyfus«, der Verurteilung des jüdischen Offiziers Alfred Dreyfus wegen vermeintlicher Spionage für Deutschland und dem Freispruch des eigentlich schuldigen Majors Ferdinand Walsin-Esterházy, erschüttert.

Émile Zola, der sich für Dreyfus einsetzte und dessen öffentlicher Brief *J'accuse …!* über die Grenzen Frankreichs hinaus bekannt wurde, musste das Land verlassen, da ihm mit einer Haftstrafe gedroht wurde.

In Wien wurde Karl Lueger, der eine deutlich antisemitisch geprägte konservative Politik verfolgte, 1897 Bürgermeister der kaiserlichen Metropole, und der antisemitische Agitator Georg von Schönerer, der Hitler ideologisch beeinflussen sollte, kehrte nach einer Haft im gleichen Jahr ins österreichische Parlament zurück.[7] Fortan ergänzten sich der moderne rassistische Antisemitismus und der althergebrachte religiöse Judenhass. Daher sahen trotz der gesetzlichen Fortschritte im 19. Jahrhundert viele Juden die christliche Taufe als notwendiges und einzig adäquates Mittel, um tatsächlich in der Mitte der Gesellschaft anzukommen und den üblichen antisemitischen Repressionen zu entgehen, unabhängig von der Möglichkeit der interkonfessionellen Ehe.

Gegen das Gemeinsame

In Hitlers Deutschland, und damit ab 1938 in der für knapp sieben Jahre existierenden »Ostmark«, sprach man nicht mehr von interkonfessionellen Ehen, sondern von »Mischehen«. Vor dem Gesetz galten ChristInnen mit jüdischen PartnerInnen als »jüdisch versippt«.

Das sogenannte »Gesetz zum Schutz deutschen Blutes und der deutschen Ehre« wurde im Rahmen des Nürnberger Parteitages am 13. September 1935 von Hitler befohlen, innerhalb kürzester Zeit geschaffen[8] und trat am 15. September 1935 in Kraft, womit der nationalsozialistische Staat unter anderem Einfluss auf bestehende Ehen zwischen Juden und Nichtjuden nahm und weitere interkonfessionelle Eheschließungen verbot.[9]

Bereits im September 1933 erstellten die beiden Juristen Hanns Kerrl, als preußischer Justizminister für die Säuberung der Justiz verantwortlich, und Roland Freisler,[10] später berüchtigter Präsident des Volksgerichtshofes, eine Denkschrift, die implizierte, dass Ehen und sexuelle Beziehungen ohne Trauschein zwischen »Deutschblütigen« und »Angehörigen fremder

Blutsgemeinschaften« als »Verbrechen gegen die Rassenehre« verstanden werden sollten.[11]

Die Verfolgung jüdischer StaatsbürgerInnen begann also nicht erst mit dem Erlass der »Nürnberger Gesetze«, zu denen übrigens Konrad Adenauers späterer Staatssekretär im Bonner Kanzleramt, Hans Globke, in seiner Funktion als Referent für Staatsangehörigkeitsfragen im Reichsinnenministerium bis 1945 tätig, 1936 einen von vier maßgeblichen Kommentaren verfasste.[12]

Bereits zwei Jahre vor der Schaffung des rechtlichen Rahmens für die Verfolgung jüdischer MitbürgerInnen wurden Juden und Jüdinnen mit der »Machtergreifung« 1933 zu BürgerInnen zweiter Klasse. Sie verloren ihre Arbeit und durften nicht mehr am öffentlichen Leben teilnehmen. Weiter zu arbeiten wie bisher war für »Volljuden« unmöglich. Auch gab es schon 1933 »Halbjuden«, die trotz Fürsprache einflussreicher Personen keinerlei Möglichkeit hatten, weiter in Deutschland tätig zu sein, gerade auch im künstlerischen Bereich.

Der Sänger Richard Tauber, in Linz katholisch getauft, Sohn einer christlichen Mutter und eines getauften jüdischen Vaters, damit den »Nürnberger Gesetzen« entsprechend ein »Mischling ersten Grades«, wurde am 8. März 1933 von der Bühne des Berliner Admiralspalastes gebuht und am gleichen Abend noch von SA-Schergen am Kurfürstendamm niedergeschlagen. Selbst Anbiederungsversuche des Bühnenstars und die Fürsprache des Stardirigenten und Vizepräsidenten der Reichsmusikkammer, Wilhelm Furtwängler, waren erfolglos. Tauber, der »König von Berlin« musste in die Emigration. Die Nationalsozialisten hatten den Tenor schon Ende der 1920er-Jahre auf ihre schwarze Liste gesetzt, von der es kein Entkommen gab.

Trotz der offensichtlichen Willkür, mit der das Regime agierte, waren viele KünstlerInnen davon überzeugt, sich mit der neuen

Politik arrangieren oder sich auf die Position des unpolitischen Kunstschaffenden zurückziehen zu können.

Der Schauspieler Bernhard Minetti, der nach 1945 ähnlich Gustaf Gründgens als Sympathisant des NS-Regimes kritisiert wurde, sprach sich auch noch im hohen Alter für das unpolitische Wesen der Kunst aus und entschuldigte damit natürlich nicht nur sein eigenes Handeln in der NS-Zeit, sondern auch das seiner zahlreichen KollegInnen, die sich künstlerisch vor deren Propaganda-Karren spannen ließen und damit alles andere als unpolitisch waren.[13]

Dass man dadurch das System gestützt hatte, schien nur wenigen KünstlerInnen nach dem Kriegsende verständlich. Der Schauspieler Will Quadflieg, der sich neben seinen Theaterengagements in der NS-Zeit in ein »unpolitisches« Privatleben zurückgezogen hatte, wurde nach 1945 nicht müde, sich selbst als NS-Mitläufer zu bezeichnen und eine Mitschuld und Verantwortung für sich in Anspruch zu nehmen. Er gehörte damit zu einer Minderheit unter den Kunstschaffenden.[14]

»Es wird schon nicht so schlimm werden«

Wer mochte 1933 nach den vielen Regierungen der Weimarer Republik damit rechnen, dass sich dieses Regime so lange halten würde? Wer konnte dessen Gräueltaten erahnen?

Hoffnungen gab man sich 1938 in Österreich immer noch hin, obwohl schon fünf lange Jahre lang beobachtet werden konnte, was in Deutschland vor sich ging. Vor allem in Wien war es bereits möglich, Erfahrungsberichte von nach Österreich geflüchteten Deutschen zu hören. Die Hoffnung auf eine doch nicht ganz so dunkle Zeit im »Altreich« und in der »Ostmark« teilten vor allem interkonfessionelle Paare, wohl auch, da sie glaubten, ihre Beziehung würde dem jüdischen Teil der Verbindung etwas notwendigen Schutz bieten können. Warnenden Stimmen wurde nur selten Glauben geschenkt.

Bald jedoch sollten Menschen in interkonfessionellen Ehen erkennen, dass lediglich Ehen von »arischen« Männern und jüdischen Frauen privilegiert waren.

»Ehen von jüdischen Männern mit ›Arierinnen‹ waren nicht privilegiert – außer es waren Kinder vorhanden, die getauft waren. Als ›nichtprivilegierte Mischehe‹ wurden kinderlose Ehen mit jüdischen Ehemännern und ›arischen‹ Ehefrauen verstanden, Gemischt-konfessionelle Ehen mit Kindern, die der jüdischen Glaubensgemeinschaft angehörten, galten allerdings als nicht privilegiert, egal ob der Mann oder die Frau jüdisch waren. Also auch bei ›Mischehen‹ mit ›arischem‹ Haushaltsvorstand, die ansonsten als privilegiert galten.«, so die Historikerin Michaela Raggam-Blesch, und sie führt weiter aus:

»Gelegentlich beruhte die religiöse Zugehörigkeit von Kindern interkonfessioneller Ehen auf Zufall und folgte einer Praxis, die nach dem Prinzip der 1868 erlassenen ›Maigesetze zur Regelung der interkonfessionellen Verhältnisse von Staatsbürgern‹ ausgerichtet war. War ein Kind weiblich, wurde es dem Religionsbekenntnis der Mutter zugeordnet, war es männlich, dem des Vaters. Dieser ›Zufall‹ hatte jedoch für das weitere Schicksal dieser Familien in der NS-Zeit entscheidende Auswirkungen, da nur Kinder, die nicht der jüdischen Religionsgemeinschaft angehörten, einen Schutz für den jüdischen Teil der Eltern bieten konnten. Diese wurden damit als Angehörige privilegierter ›Mischehen‹ von der Pflicht enthoben, den ›Judenstern‹ zu tragen.«

»Wenn die privilegierten ›Mischehen‹ auch bis zu einem gewissen Grad Schutz versprachen, so war auch auf diese Menschen der politische Druck nicht zu unterschätzen. Im Laufe des Krieges wurden die Lebensumstände für Menschen in diesen Ehen, die es nach der Vorstellung der Nationalsozialisten gar nicht geben durfte, ebenso wenig wie die Kinder aus diesen Ehen, immer prekärer.«, so Raggam-Blesch weiter. Die spätere Schriftstellerin Ilse Aichinger galt als »Mischling« und konnte dadurch bis zu ihrer Volljährigkeit im November 1942 ihre jüdische Mutter Berta Aichinger schützen.[15]

»Diese Menschen waren im NS-Staat nicht vorgesehen und bereiteten der braunen Elite durchwegs Kopfzerbrechen. Nicht umsonst gab es nach der Wannseekonferenz noch weitere Konferenzen, um für die sogenannten ›Mischehen‹ eine Lösung zu finden.«[16] Die Existenz der aus diesen Ehen entstammenden »Mischlinge«, so das Ziel des Regimes, sollte mit den Gesetzen unmöglich werden, erklärt Michaela Raggam-Blesch.[17]

Menschen, die aus einem jüdisch-nichtjüdischen Elternhaus kamen, erinnerten die Nationalsozialisten durch ihre Existenz an das von ihnen erfundene Vergehen der »Rassenschande«, das sogenannte »deutsche Blut« war durchmischt und eine weitere Infiltration durch »Mischlinge« oder »Halb- und Vierteljuden« widersprach allem, was sich die Nationalsozialisten ausgedacht hatten.

Diese waren eifrig damit beschäftigt, neue Termini in den Sprachgebrauch einzuführen, um die Unterschiede und Abgrenzungen zwischen »Volksgemeinschaft«, politischen GegnerInnen und Juden aufzuzeigen und damit einen Keil in die Gesellschaft zu treiben. Viele dieser Begriffe haben sich über die Jahre des »Dritten Reiches« hinaus in der deutschen Sprache erhalten, wie etwa die NS-Klassifizierungen von »Halbjuden« oder »Vierteljuden«.

Die Nationalsozialisten waren durchaus einfallsreich. So definierten sie die »Rassezugehörigkeit« durch Religionszugehörigkeiten und verwendeten dabei Begriffe wie »arisch« und »semitisch«, die auf sprachlich-ethnische Definierungen zurückgehen, aber keineswegs etwas mit »Rasse« zu tun haben.[18]

So wurde etwa zwischen »Halb- bzw. Vierteljuden« und »Misch-lingen ersten Grades bzw. zweiten Grades« entsprechend der Religionsausübung unterschieden. Wer in eine der jüdischen Kul-tusgemeinden eingetragen war, galt als »Voll-, Halb-, Vierteljude«. War man Kind interkonfessioneller Eltern, ohne einer jüdischen Glaubensgemeinschaft anzugehören, galt man dem NS-Rassen-klassifizierungswahn entsprechend als »Mischling«.

»Rassenschande« als Propagandamittel

Die andauernde Beschäftigung der NS-Führung mit dem Thema »Mischehen« und den daraus entstehenden »Mischlingen« spie-gelte sich nicht nur in mehreren Konferenzen zum Thema »Die Endlösung der Judenfrage« im Jänner, März und Oktober 1942[19] sondern auch im Umgang des Systems mit jenen KünstlerInnen, die sich in diesen vom Staat strikt unerwünschte Partnerschaften befanden und Kinder aus diesen Verbindungen großzogen.

Dieser Teil der KünstlerInnen-Elite ignorierte mit der Existenz ihrer unerwünschten privaten Beziehungen die Norm des NS-Staates, widersprach völlig sichtbar für ganz Deutschland der von der NS-Propaganda geschürten »Rassenschande«, die sich auf antijüdische Zuschreibungen wie grenzenlose sexuelle Gier und manipulierende Einflussnahme durch Sex von Juden gegenüber »Ariern« aufgebaut hatte.

NS-Propagandafilme wie Veit Harlans berüchtigter *Jud Süß* aus dem Jahr 1940 thematisierten auf perfideste Art das Thema »Rassenschande« und beeinflussten mit der Darstellung antise mitischer Vorurteile auf zersetzende Weise die Einstellung der deutschen Mehrheitsbevölkerung gegenüber ihren jüdischen MitbürgerInnen. Sechs Jahre zuvor war unter der Regie des nach England emigrierten Berliners Lothar Mendes die *Jud Süß*-Verfilmung in die Kinos außerhalb Deutschlands gekommen, die sich an die Romanvorlage Lion Feuchtwangers hielt und im

Gegensatz zu Harlans Film aufzeigte, wie die Geschichte des Joseph Süß Oppenheimer ohne jeglichen Antisemitismus verfilmt werden konnte. In der britischen Verfilmung übernahm der ebenfalls emigrierte Conrad Veidt die Titelrolle.

Dass Harlans Film hingegen alle antijüdischen Vorurteile und im Besonderen die rassistisch-sexuellen perfekt bediente, zeigte auch die Zufriedenheit Goebbels', der in Harlans *Jud Süß* einen genialen Wurf sah. Der Propagandaminister bezeichnete ihn als »einen Film, wie wir ihn uns nur wünschen können«,[20] der zu einer nachhaltig verordneten Überdosis an staatlichem Antisemitismus werden sollte.

Goebbels organisierte Filmvorführungen für die SS, alle Wachmannschaften und die Polizei Deutschlands und sorgte so mit Hilfe eines Erlasses des Reichsführers-SS Heinrich Himmler dafür, dass das Machwerk in den folgenden drei Jahren von über 20 Millionen Deutschen gesehen werden sollte,[21] weit mehr als jeder andere NS-Propagandafilm.[22]

Begannen Menschen nichtjüdischen Glaubens in Hitlers Deutschland eine Liebesbeziehung mit Jüdinnen oder Juden ohne Trauschein und wurden deshalb denunziert, geschah es nicht selten, dass sie sich in ihren Ortschaften oder Wohnbezirken mit Tafeln um den Hals wiederfanden, auf denen ihr Vergehen gut sichtbar aufgeschrieben stand und, begleitet von der SA, bloßgestellt wurden.

Gerade bei unverheirateten Paaren war nicht nur die Gefahr für den jüdischen wie für den »arischen« Teil gegeben, unter dem Gespött der Leute an den Pranger gestellt zu werden, sondern auch Zuchthausstrafen wie schweren Kerker auszufassen, in KZs deportiert oder nach kurzen Prozessen hingerichtet zu werden. Auch in »Mischehen« verheiratete Nichtjüdinnen wurden wegen ihrer Liebesbeziehungen in Arbeitserziehungslager inhaftiert.[23]

Um Menschen derlei zu verleumden, mussten sexuelle Beziehungen tatsächlich gar nicht bestehen. Es genügte völlig, dass man jemandem einfach nur übel mitspielen wollte. Durch die »Nürnberger Gesetze« nahmen derartige Denunziationen deutlich zu, wobei etwa 30 bis 40 Prozent der Anschuldigungen grundlos waren, wie am Beispiel Würzburgs belegt werden kann.[24]

Erwähnt wird hier stellvertretend für die Verfolgung all jener, die sich der »Rassenschande« schuldig gemacht hatten, der Nürnberger Geschäftsmann Lehmann Katzenberger, ein einflussreiches Mitglied der jüdischen Gemeinde seiner Heimatstadt. Katzenberger wurde nach einem Schauprozess wegen der angeblichen Beziehung zu einer nichtjüdischen jungen Frau 1942 in München hingerichtet.[25] Der Prozess erlangte weit über München hinaus Bekanntheit.

Katzenbergers Schicksal wurde 1961 in Stanley Kramers Film *Das Urteil von Nürnberg* von dessen vermeintlicher Geliebten, gespielt von Judy Garland, nacherzählt.

Der auf juristischer Grundlage institutionalisierte Antisemitismus verbot mit dem sogenannten »Blutschutzgesetz« Liebesbeziehungen zwischen Juden und Nichtjuden und stellte diese unter Strafe.

Die daraus resultierenden Probleme für die vor diesem Gesetz als sogenannte »gemischtrassige Ehen« bezeichneten Partnerschaften, brachten nicht nur die Frauen der Berliner Rosenstraße, die um das Leben ihrer jüdischen Ehemänner kämpften, in lebensbedrohliche Schwierigkeiten, sondern wurden für viele tausende Paare in Nazideutschland und im besetzten Europa zu den zentral bestimmenden: Abertausende »gemischtrassige« Liebesbeziehungen litten unter den unmenschlichen Gesetzen und der Willkür des Regimes.

Dieses Buch spiegelt diese Einschränkungen und Bedrohungen und erzählt dabei von Beziehungen zwischen Juden und Nichtjuden, die KünstlerInnen waren und von deren Konfrontation mit den menschenverachtenden, rassischen Vorgaben des NS-Regimes.

Die hier erzählten Liebesgeschichten stehen exemplarisch für die dunkelste Zeit unserer Geschichte. Mit den Berichten über die Beziehungen von Hans Albers und Hansi Burg, Joachim Gottschalk und Meta Wolff, Lotte Lenya und Kurt Weill und auch von Maria Bernheim, Heinz Rühmann und Hertha Feiler werden unmissverständliche Bilder dieser Zeit heraufbeschworen.

Bilder von jenen, die sich, weil das Leben in Nazideutschland nicht zu ertragen war, von ihren »deutschblütigen« PartnerInnen trennten. Bilder von jenen, die gemeinsam in die Emigration gingen, weil für sie von Beginn an klar war, dass sie in dem politisch so grundlegend veränderten Deutschland nicht leben und arbeiten konnten. Bilder von jenen, die blieben und darauf hofften, es würde nicht so schlimm werden und daran zerbrachen. Und nicht zuletzt Bilder von jenen, die ihrer eigenen Karriere willen das NS-Regime durch ihre Arbeit unterstützten.

Warum werden genau diese Paare in den Mittelpunkt gestellt? Neben ihrer über den Tod hinaus anhaltenden Bekanntheit bilden sie alle typische »gemischtrassige« Beziehungen ab und gehören dabei zur kollektiven Erinnerung der deutschen und österreichischen Gesellschaft.

Auch für Joachim Gottschalk und Meta Wolff, stehen sie doch für jene Menschen, die bewusst vergessen wurden, da sie unbequem das Scheitern des Privaten an der Politik aufzeigten und als beständige Erinnerung an das dunkelste Kapitel der deutschen Geschichte nicht taugten.

Mit den hier versammelten Liebesgeschichten prominenter Menschen wird vom höchst willkürlichen Einfluss der Politik auf das Private erzählt, von Egomanie der Herrschenden, von der Bedeutung der Kunst für totalitäre Regime, von Grenzen der Zuneigung durch politisch beeinflusste Karriereplanung, von Kunst im Dienste der Propaganda, von Anpassung, Karrierismus und deren Konsequenzen, von Opportunismus und Opferbereitschaft, von persönlichen Handlungsspielräumen, die trotz allem auch in Diktaturen vorhanden sind, von Solidarität und von selbstverständlicher Liebe, die bereit ist, geografische Entfernungen und zeitliche Distanzen zu überdauern.

Sie berichten von einer Gesellschaft, die sich auf Basis einer Sündenbockpolitik aufbaute, die die Welt ins Chaos des Zweiten Weltkrieges stürzte und letztlich untergehen musste.

Gleichzeitig wird auch der Frage nachgegangen: Welche Stars haben das NS-System enthusiastisch zum eigenen Vorteil mitgetragen? Wer verließ Deutschland aus politischen Gründen? Und wer von den berühmten Ufa-Stars der »Zeit ohne Gnade«, wie sie der österreichische Journalist Rudolf Kalmar nannte, der selbst 1938 mit dem »Prominententransport« am 1. April 1938 ins KZ Dachau deportiert worden war, widerstand dem System trotz aller Maßregelungen und großangelegten Verführungen und arbeitete dagegen – oder wurde von ihm zerstört?

Marlene Dietrich

Elisabeth Bergner

»DEIN SCHICKSAL IST AUCH MEINS«[26]
Kultur und Politik in der NS-Zeit

Marlene Dietrich, Elisabeth Bergner und Carola Neher gehörten zu jenen Künstlerinnen, die früh verstanden hatten, dass in einem nationalsozialistischen Deutschland keine künstlerisch vielfältige Arbeit mehr möglich war. Dietrich, die Anfang der 1930er-Jahre nach ihrem Welterfolg *Der blaue Engel* mit dem Regisseur Josef von Sternberg nach Hollywood ging, war nicht gewillt, nach Deutschland zurückzukehren, um lukrative Angebote des Propagandaministers Joseph Goebbels anzunehmen.

Sie entschied sich für Hollywood, wo sie bald emigrierte Filmschaffende aus Deutschland und später auch aus Österreich wiedertreffen sollte und Filmgeschichte schrieb. Nach Deutschland kam die Tochter eines preußischen Polizeileutnants erst als Mitglied der US-Army 1945 zurück. Dass Dietrich die klar antifaschistische Positionierung von vielen Deutschen lange Zeit übelgenommen wurde, ist hinlänglich bekannt.[27]

Für Bergner war bereits bald klar, dass für sie, den überlebensgroßen Theaterstar Berlins, schon alleine wegen ihrer jüdischen Herkunft eine künstlerische Zukunft im Land ihrer Erfolge ausgeschlossen war. Sie emigrierte gemeinsam mit ihrem Ehemann, dem Regisseur und Autor Paul Czinner, bereits 1933 nach London, wo Bergner eine Fortsetzung ihrer Bühnenkarriere gelang.

Auch wenn sie nach 1945 wieder in Deutschland und Österreich arbeitete, sie blieb in London. Für Bergner, wie für viele andere EmigrantInnen wäre es wichtig gewesen, dass die Länder, die sie vertrieben hatten, eine Einladung zur Rückkehr aussprachen. Dazu kam es bei Bergner aber erst in den 1980er-Jahren durch den damaligen österreichischen Bundeskanzler Bruno Kreisky. Für die Schauspielerin kam die Einladung zu spät: Sie war bereits schwer erkrankt und starb wenig später. Klaus Mann setzte ihr in seinem Roman *Mephisto* mit der Figur der Dora Martin ein literarisches Denkmal.[28]

Carola Neher gehörte zu den großen Schauspielpersönlichkeiten der Weimarer Republik und war über ihr künstlerisches Schaffen hinaus eine Ikone ihrer Zeit. In der G.W. Pabst-Verfilmung der *Dreigroschenoper* spielte sie die Polly Peachum und war nicht nur wegen ihrer Zusammenarbeit mit Brecht ein Begriff. Ihre Ehe mit dem Lyriker Klabund füllte die Gesellschaftsseiten der Presse. Nach dem frühen Tod des Lyrikers im Jahr 1928 heiratete die hochtalentierte Schauspielerin, die als »schönste Frau der Weimarer Republik« bezeichnet wurde, in zweiter Ehe den rumänischen Kommunisten Anatol Becker.

  Carola Neher sah ihre künstlerische Zukunft im Gegensatz zu ihren Kolleginnen nicht im Westen, sondern emigrierte 1934 mit Becker in die Sowjetunion, nachdem sie im Jahr zuvor einen öffentlichen Aufruf der KPD gegen Hitler unterzeichnet hatte. Noch im November des gleichen Jahres wurde Neher und Becker die deutsche Staatsbürgerschaft entzogen. Bei den großen Säuberungen Stalins von 1936 wurde das Paar wie auch Zenzl Mühsam, die Witwe Erich Mühsams, nach einer Denunziation durch Gustav von Wangenheim verhaftet.[29] Nehers Sohn Georg wurde in ein Kinderheim gesteckt und Becker als Trotzkist hingerichtet. Die Schauspielerin selbst wurde wegen »konterrevolutionärer trotzkistischer Tätigkeit« zu zehn Jahren Haft verurteilt.[30] Brecht, der sich für Neher hätte verwenden können, tauschte sich lediglich mit Lion Feuchtwanger über mögliche Hilfe für die Schauspielerin aus. Angebliche Briefe von Brecht nach Moskau oder tatsächliche Versuche von Hilfeleistungen sind nicht belegt.[31]

Carola Neher starb am 26. Juni 1942 in einem stalinistischen Gulag im russischen Sol-Ilezk.

Einschnitte im Kulturbereich ab 1933

Bergner, Neher und Dietrich wussten also, welche Gefahren das nationalsozialistische Regime mit sich brachte, für sie gab es zu einer Ablehnung Nazideutschlands keinerlei Alternative.

Carola Neher als Polly Peachum in »Die Dreigroschenoper« (1931).

Viele Juden und Nichtjuden sahen ebenfalls das angekündigte
Unheil heraufziehen. Andere, auch unter den KünstlerInnen,
wollten nicht wahrhaben, was mit dem Machtwechsel im Januar
1933 auf Deutschland zukommen würde. Wie Gustaf Gründgens
in einem Interview wenige Monate vor seinem Tod im Jahr 1963
erklärte: *»Von uns hat kein Mensch geglaubt, dass sich das halten würde.
Ich glaube, das war die Meinung der überwiegenden Deutschen, die nicht
politisch engagiert waren.«*[32]

Konnte es für die unpolitische Mehrheit wirklich so einfach
gewesen sein? Dass sich die Mehrzahl jener, die wie Gründgens
ihre Karrieren in der NS-Zeit deutlich untermauern konnten und
zur künstlerischen Elite gehörten, nach 1945 scheinbar selbstverständlich darin erging, ihre eigene unpolitische Haltung hervor-
zukehren, erstaunt bis heute.

Eine Nähe zum einflussreichen Propagandaminister oder zu
einem anderen Mitglied der NS-Elite schien bei dieser unpolitischen Haltung nicht weiter zu stören und wurde demnach nach
1945 auch kaum in der Öffentlichkeit diskutiert.

Es darf nicht außer Acht gelassen werden, dass man nur wahr-
haftig große Karrieren im »Dritten Reich« machen konnte, wenn
man es sich mit der NS-Führung »richtete«, ihr also zu Willen war.
Selbst die scheinbar einzige Ausnahme unter den großen Stars,
Hans Albers, passte sich bei allem zur Schau getragenen Wider-
willen dem System innerhalb seiner eigenen Vorgaben an. Hätte
er es nicht getan, wäre seine Emigration die einzige Alternative
gewesen.

KünstlerInnen, die nicht mit dem Erfolg eines Albers gesegnet
waren und es sich daher eben nicht dank ihrer »Unverzichtbarkeit«
bequem einrichten konnten, mussten ein Auslangen mit Joseph
Goebbels, dem Minister für Propaganda und Volksaufklärung, finden. War dies unmöglich, so konnten sich Künstler wie Franz Lehár
oder Hans Moser, die von Hitler selbst hochgeschätzt wurden,

mit ihren Sorgen direkt an den Diktator wenden. Dass sie dies
taten, ist belegt.

Der Nationalsozialismus verstand es wie andere Diktaturen,
Kunst zur Chefsache zu machen. Dies zeigte sich auch darin,
dass nur Hitler selbst Lösungen für dringliche Probleme schaffen
konnte. Selbstverständlich vorausgesetzt, man stand in der Gunst
des Diktators.

Für Joseph Goebbels schien die weitgehende Oberherrschaft über
die Künste in Nazideutschland die Funktion zu haben, sich stärker an Hitler zu binden und dadurch an Einfluss zu gewinnen.
Goebbels war einer der engsten Vertrauten des Diktators und
seine Ehefrau Magda übernahm, in Ermangelung einer vorzeig
baren Partnerin Hitlers, die offizielle Rolle der ersten Frau im
Staat.

Der Propagandaminister gab sich gerne als kultivierter Ästhet,
nicht unähnlich seinem parteiinternen Gegenspieler Hermann
Göring, der allerdings nicht nur im privaten Rahmen auf seinem
Landsitz Carinhall zur Protzsucht neigte. Die Geltungssucht des
aus einfachen, katholischen Verhältnissen[33] stammenden Germa-
nisten Goebbels zeigte sich vielmehr darin, dass er großen Wert
darauf legte, stets seinen in Heidelberg erworbenen Doktortitel
zu verwenden. Dadurch gewann man den Eindruck, er sei das
einzige Mitglied der NS-Elite, das promoviert hatte. Anders als
Göring, der im Ersten Weltkrieg ein gefeierter Jagdflieger der
deutschen Luftwaffe gewesen war, verband Goebbels, der wegen
der Missbildung seines Fußes nicht als Soldat im Ersten Weltkrieg
dienen konnte, mit Hitler ein künstlerisches Wollen. Ihr Scheitern
verband Hitler und Goebbels. Des letzteren Egomanie und Unbe-
rechenbarkeit verhinderten seine steile parteipolitische Karriere
nicht.[34] Im Gegenteil: Der Diktator bezeichnete den Propagandaminister sogar als seinen Schildknappen.[35] Goebbels wiederum

schrieb in seinem Tagebuch, wenn von Hitler die Rede war, vom »Chef« oder »Führer«. Ab Mitte der 1920er-Jahre unterwarf sich der gescheiterte Schriftsteller völlig dem Kunstmaler, der nicht auf die Wiener Kunsthochschule aufgenommen worden war.[36] Der Gewaltfanatiker und radikale Antisemit Goebbels fand seine religiös anmutenden Erlösungsfantasien in der NSDAP verwirklicht und machte in eben dieser eine mehr als eindrückliche Karriere.

Goebbels' Umgang mit den KünstlerInnen, die Deutschland 1933 nicht verließen, war geprägt von Willkür. Gleichzeitig inszenierte er sich als deren wohlwollender Übervater. Dies scheint als kompensatorische Maßnahme für das eigene Scheitern logisch. Goebbels' Fähigkeiten, die politische Propaganda in Nazideutschland auf ein neues, erschreckendes Niveau zu bringen – man denke nur an seine berüchtigte Rede über den »totalen Krieg« im Berliner Sportpalast vom 18. Februar 1943, gerade 16 Tage, nachdem die Wehrmacht bei Stalingrad kapituliert hatte – halfen ihm bei der Verfestigung seiner Position innerhalb des braunen Machtzirkels.[37] Sein großes Engagement für den Film, der in der Propagandamaschinerie schon früh nach der »Machtergreifung« von größter Bedeutung werden sollte, machte sich für Goebbels auf mehreren Ebenen bezahlt.

Dass das Funktionieren der KünstlerInnen gerade auch im Film von großer persönlicher Bedeutung für den Propagandaminister gewesen sein muss, lässt sich an der Lektüre seiner Tagebücher erkennen, beziehungsweise auch darin, wie repressiv und angriffig er auf einzelne Personen reagierte. Man kann sich des Eindrucks nicht erwehren, dass Goebbels die NS-Unterhaltungskultur als weitläufigen Spielplatz seines eigenen Egos verstand und entsprechend mit den KünstlerInnen umging. Gerade am Beispiel Joachim Gottschalks lässt sich diese Willkür besonders gut erkennen.[38]

Dass Goebbels stets auf seinen eigenen Vorteil bedacht war, zeigte sich auch in seinem vermeintlichen sexuellen Vorrecht auf junge Schauspielerinnen, das er für sich völlig selbstverständlich in Anspruch nahm. Nicht umsonst trug er in Ufa-Kreisen den Beinamen »Bock vom Babelsberg«. Auch in der Affäre mit der tschechischen Schauspielerin Lída Baarová, die nur mehr durch das Eingreifen Hitlers deeskaliert werden konnte, zeigt sich das besondere Selbstbild Goebbels'.
Über seine Verbindung zu der Schauspielerin, die ursprünglich mit ihrem Kollegen Gustav Fröhlich liiert war, der sich wiederum

Lída Baarová

von seiner jüdischen Ehefrau, dem Operettenstar Gittar Alpar, getrennt hatte, und eine besonders nahe Freundschaft zu Heinz Rühmann pflegte, gibt es höchst widersprüchliche Quellen.

Da heißt es, Goebbels habe sich in die Tschechin verliebt und sie habe diese Verliebtheit lediglich geduldet. Andere Quellen besagen, sie sei durch seine mächtige Position in eine sexuelle Beziehung gezwungen worden. An wieder anderen Stellen heißt es, dass Baarová durchaus als Liebende in diese Beziehung gegangen war. Welche Erzählung auch immer der Wahrheit entsprach, die Affäre war von solch großer Bedeutung, dass es 1938 beinahe zur Scheidung des NS-Vorzeigeehepaares Joseph und Magda Goebbels gekommen wäre.

Für die Schauspielerin, die noch im hohen Alter betonte, es wäre nie mehr als eine platonische Beziehung gewesen, hatte die Affäre nachhaltige Folgen. Nach dem Krieg wurde sie in der Tschechoslowakei als Nazi-Kollaborateurin verurteilt und inhaftiert.[39]

Künstlerischer Nachschub

Für jene KünstlerInnen, die selbst nicht verfolgt wurden, stellte sich neben der Frage, wie es finanziell und sprachlich möglich war, ins Ausland zu gehen, auch die moralische Frage. Konnte es ein gutes, gerechtes Leben in einem Land geben, das einzelne Bevölkerungsgruppen ausgrenzte und sich von Beginn an gegen bisher gängige Kulturbegriffe stellte? Wie war künstlerisches Leben in einem Staat möglich, in dem Kritik lebensgefährlich war?

War die Mehrheit der in Deutschland maßgeblichen KünstlerInnen wie Gustaf Gründgens oder auch Hans Albers tatsächlich davon überzeugt, dass der nationalsozialistische Spuk nicht von Dauer und das »Dritte Reich« innerhalb kürzester Zeit vorbei sein würde?

Warum zog es ausländische Schauspielerinnen und Schauspieler wie Zarah Leander, Kristina Söderbaum, Lída Baarová, Marika

Rökk oder für ein einmaliges Filmgastspiel selbst den späteren Hollywoodstar Ingrid Bergmann[40] nach Deutschland? Ging es dabei nur um die hohen Gagen und konnte man die Politik wirklich so einfach ausblenden?

Goebbels hatte den Ehrgeiz, mit den Studios in Babelsberg ein Gegengewicht zu Hollywood zu schaffen – trotz oder gerade wegen der Flucht der zahlreichen jüdischen FilmkünstlerInnen, die bis 1933 das deutsche Kino so maßgeblich geprägt hatten. Deutschland sollte nicht über irgendeine durchschnittliche Filmindustrie verfügen: Daher wurde für großzügige Filmbudgets gesorgt und auf vielerlei Ebenen kümmerte sich die NS-Führung um das persönliche Wohlergehen der Stars. So profitierten diese etwa von massiven Steuererleichterungen und erhielten steuerbefreite Sonderzahlungen.

Alle Genres, die in Hollywood auf dem Programm standen, wurden auch in Deutschland produziert. Von Abenteuerfilmen über Revuefilme bis zu Liebesmelodramen und Screwball-Komödien reichte die Bandbreite des deutschen Films: Unterhaltung, die für einlullende Ablenkung sorgte und dabei auch nationalsozialistische Werte transportierte, wurde von Goebbels als zentraler Punkt der Propaganda eingesetzt. Er wusste nur zu gut um die Macht und die Möglichkeiten des Kinos, und er war wohl auch davon überzeugt, selbst der bedeutendste Filmschaffende des »Dritten Reiches« zu sein.

Tatsächlich konnte ohne Goebbels' Wohlwollen kein Film in Deutschland gedreht werden. Die Regisseure mussten sich von ihm die Besetzungslisten genehmigen lassen, selbst auf die Themenwahl nahm der Minister Einfluss. Mitunter arbeitete er selbst an Drehbüchern mit, wofür er sich in seinen Tagebuchaufzeichnungen besonders gern lobte.

Kaum waren die Nationalsozialisten an der Macht, waren politisch Andersdenkende und jüdische KünstlerInnen Repressalien

seitens Theatern und Filmproduktionsfirmen ausgesetzt, standen
öffentliche Denunziationen an der Tagesordnung.[41]

Doch nicht jeder nichtjüdische Künstler ertrug, was in deutschen Theatern und Filmstudios vor sich ging. Der 67-jährige
Albert Bassermann, wohl einer der einflussreichsten Schauspieler seiner Zeit, kehrte Deutschland 1934 gemeinsam mit seiner

Albert Bassermann

jüdischen Ehefrau, der Schauspielerin Else Schiff, den Rücken, da die Diskriminierungen gegenüber Schiff für das Schauspielpaar nicht mehr zu ertragen waren.

Noch ehe sie Deutschland verließen, trat Bassermann wegen des Boykotts jüdischer Schauspielerinnen aus der »Genossenschaft Deutscher Bühnenangehöriger« aus.[42] Das Ehepaar Bassermann-Schiff emigrierte nach Österreich, ehe sich die beiden nach dem »Anschluss« Richtung USA aufmachten. Nach dem Zweiten Weltkrieg trat Bassermann, Träger des Iffland-Ringes und mittlerweile Oscar-Preisträger, wieder am Wiener Volkstheater auf.

Goebbels nahm in Kauf, dass der Verlust maßgeblicher jüdischer KünstlerInnen und politischer GegnerInnen vor und hinter der Kamera die Suche nach neuen Talenten und auch die Verpflichtung vor allem von SchauspielerInnen aus dem Ausland zur Folge hatte. Die in der Weimarer Republik so maßgebliche deutsche Filmindustrie erholte sich vom durch den Nationalsozialismus verursachten Braindrain nicht mehr, bereicherte aber in Folge vor allem Hollywood, aber auch die britische Filmindustrie.

Dabei gelang es den Nazis anscheinend, mit ihren großzügigen Gagen und den privilegierten Leben, die sie zu inszenieren im Stande waren, ausländische Schauspielerinnen über die brutale Realität in Deutschland hinwegzutäuschen und für sich zu gewinnen.

Kristina Söderbaum, die bald mit dem späteren *Jud Süß*-Regisseur Veit Harlan verheiratet war, in dessen Filmen die weiblichen Hauptrollen übernahm und den spöttischen Beinahmen »Reichswasserleiche« trug, da ihre Charaktere verhältnismäßig oft den Freitod im Wasser suchten, hielt bis 1945 und darüber hinaus durch. Jegliche Selbstkritik an ihrem Schaffen in der NS-Zeit sucht man bei Söderbaum vergeblich, sie nahm für sich in Anspruch, das zu sein, was sie auch auf der Leinwand am häufigsten darstellte: ein Opfer.

Zarah Leanders Spezialität waren »Durchhaltefilme«, deren Frauenfiguren sich zur Identifizierung für deutsche Frauen eigneten. Leander ertrug in ihren Filmen die Schicksale, die ihren Rollen auferlegt waren. Sie litt, liebte sehnsuchtsvoll und hielt durch: das ideale Vorbild für jede deutsche Frau. Die Schwedin verkörperte dabei mit ihrer tiefen Stimme und dem einprägsamen rollenden R zwar einen exotischen Vamp, gleichzeitig war sie aber nicht der Typ Frau, dessen Fotografie Millionen deutsche Landser in ihren Tornistern mit an die Front nahmen. Die großgewachsene Schwedin war körperlich zu weit von einer die deutsche Masse ansprechenden Mädchenhaftigkeit entfernt, die jüngeren Männern eher entsprach. Die Leander, die den NS-Titel »Staatsschauspielerin«

Zarah Leander   *Marika Rökk in »Hallo Janine« (1939).*

ablehnte, avancierte dennoch zur bestbezahlten Schauspielerin NS-Deutschlands und ging 1943, nachdem sie sich mit Goebbels über ihr Honorar gestritten haben soll, zurück nach Schweden.[43]

Jahrzehnte nach dem Untergang NS-Deutschlands schien Leander wohl verstanden zu haben, mit wem sie sich in Deutschland ins künstlerische Bett gelegt hatte. Gleichzeitig sollte die Politik in Nazideutschland nichts mit ihr selbst zu tun gehabt haben, meinte sie doch in einem Interview über Goebbels, den sie für seine Gastgeberqualitäten schätzte: »Was er sonst gemacht hat, ist nicht meine Sache.«[44]

Für Leander und Söderbaum galt das Gleiche wie für Marika Rökk, die gebürtige Ungarin, die auch nach 1945 ihre Führerhuldigungen mit dem ihr eigenen unpolitischen Wesen entschuldigte: Ihre Verkörperungen von mütterlichen, opferbereiten und kumpelhaften Frauentypen sollten den Frauen Deutschlands weit mehr Vorbild sein als etwa die exotische Sexualität einer Lída Baarová, die zu gefährlich schien, um für die ideale deutsche Frau auch nur annähernd eine Vorbildwirkung haben zu können.

Lediglich Ilse Werner entsprach als einzige deutsche Schauspielerin in ihrer fast schon frivolen Ausstrahlung am ehesten international erfolgreichen Schauspielerinnen und der Baarová. In *Große Freiheit Nr. 7* wurde Werner sogar in einer Bettszene mit Hans Söhnker gefilmt, in der die beiden kaum bekleidet eindeutig körperliche Intimitäten austauschten.

Unter den männlichen Schauspielstars sah es, wenn es um dezidierten Sex-Appeal ging, anders aus: Lediglich Hans Albers' Männlichkeit konfrontierte sein Publikum damit, wie auch Ferdinand Marian, dem seine sexuelle Ausstrahlung letztlich durch seine Darstellung des Joseph Süß Oppenheimer in Veit Harlans antisemitischem Machwerk *Jud Süß* zum Verhängnis wurde. Andere Schauspieler, deren Ausstrahlung einen besonders

maskulinen Sexappeal versprachen, der im nationalsozialistischen Deutschland keinen Platz mehr hatte, wie etwa Conrad
Veidt oder Adolf Wohlbrück, emigrierten.

Die erwünschte Sexualität der »deutschen Volksgemeinschaft«
hatte jeglichen Anspruch auf Frivolität und Verspieltheit, wie sie
noch in der Weimarer Republik auftraten, aufgegeben. Jegliche erfüllte Erotik wurde auf die Reproduktion für den Staat reduziert.
Das Mutterkreuz, das Frauen als Würdigung für ihre mehrfache
Mutterrolle bestätigte, sollte das Ziel jeder deutschen Frau werden. Das Ideal stellte die kleinbürgerliche Familie dar, die den
Normen der NS-Diktatur entsprach. Positives Einzelgängertum
durfte im deutschen Kino nur von Helden wie Hans Albers verkörpert werden.
  Sich einem vorgeschriebenen privaten Glück zu verwehren,
wurde nur jenen erlaubt, die sich in den Filmen für die Ideale der
»Volksgemeinschaft« aufopferten.
  Jegliches Ausleben von Lust ohne Willen zur Reproduktion
wurde von den Nationalsozialisten abgelehnt. Ging es um Lust
um der Lust willen, wurde diese in der Nazizeit ausschließlich an-
tijüdisch konnotiert, und von dort war es bis zum Vergehen der
»Rassenschande«, an der der jeweilige jüdische Teil Schuld hatte
und der »arische« Teil Opfer einer jüdischen Verführung geworden war, nicht mehr weit.

Die, die gingen und die, die blieben
Innerhalb kürzester Zeit verschwanden 1933 die Namen jüdischer KünstlerInnen aus den deutschen Kino- und Theaterpro-
grammen. Jüdische Publikumslieblinge, die es in die Emigration
geschafft hatten, wie die Schauspielerin Lilli Palmer oder der
Sänger Richard Tauber, wurden in Nazideutschland nur noch in
antijüdischen Hetzartikeln einschlägiger Blätter wie *Der Völkische*

Beobachter oder *Das Schwarze Korps,* dem ab März 1935 wöchentlich
erscheinenden Kampf- und Werbeblatt der SS, erwähnt.[45]

Der Dirigent Bruno Walter, ein gebürtiger Berliner, besaß
seit 1911 die österreichische Staatsbürgerschaft und verließ 1933
Deutschland Richtung Österreich, bevor er in die USA emigrierte.
Wie für andere Dirigenten, die dem Regime nicht genehm waren,
genügte Walter die Drohung kurz nach der »Machtergreifung«,
dass im Falle seines geplanten Auftrittes mit den Berliner Philhar-
monikern, alles im Saal kurz und klein geschlagen würde.[46] Man
wusste, was diese Ankündigung zu bedeuten hatte.

Vereinzelt wurden jüdische KünstlerInnen noch bis 1934 engagiert, wie der Schauspieler und Regisseur Eugen Burg.[47] Dennoch
stand der Großteil der jüdischen KünstlerInnen Deutschlands ab
1933 vor dem beruflichen Aus, und an ihre Stelle traten »deutschblütige« KollegInnen, die ohne die Vertreibungspolitik im nationalsozialistischen Deutschland kaum vergleichbare Karrieren
gemacht hätten. Eine Mitgliedschaft in der Reichskulturkammer,
die auf Betreiben des Propagandaministers noch im Sommer 1933
ins Leben gerufen wurde, war für jüdische KünstlerInnen un-
denkbar. Selbst »jüdisch versippte« KünstlerInnen wurden nur in
seltenen Ausnahmen in die Reichskulturkammer aufgenommen.

Auch wenn in Deutschland der Umbau der Kulturlandschaft
relativ rasch vor sich ging: In der »Ostmark« wurden unliebsame
jüdische KollegInnen noch etwas hastiger aus ihren Positionen
entfernt, verhaftet und schon innerhalb eines Monats nach dem
»Anschluss« mit dem »Prominententransport« am 1. April 1938
nach Dachau deportiert. Trotz der antijüdischen Säuberungen
des Kulturbetriebes gab es sowohl im »Altreich« als auch in der
»Ostmark« vereinzelt KünstlerInnen, die in den »Nürnberger
Gesetzen« als »Halb- oder Vierteljuden« bezeichnet wurden und
dennoch weiterarbeiten konnten. Man hatte sie nicht übersehen
oder vergessen, es war vielmehr so, dass durch das Wohlwollen

direkter Vorgesetzter und hilfreicher Kontakte innerhalb der
Branche bei Kunstschaffenden, die keine »Volljuden« waren, selten, aber doch vereinzelt Ausnahmen gemacht wurden.

Worauf ließ man sich als KünstlerIn mit dem Nationalsozialismus
ein? Welcher moralischen Richtlinien musste man sich entledi-
gen, um sich von 1933 bis 1945 völlig ungerührt der Kunst widmen,
sich nur um die eigene Karriere kümmern und kaum keinen
Gedanken daran verschwenden zu können, was rund um einen
geschah und was man mit dem eigenen Tun ermöglichte?
   »Wenn die Elite der deutschen Kunst, Wissenschaft, Wirtschaft
und des Militärs sich nicht so eifrig den Totengräbern Deutschlands zur Verfügung gestellt hätte, so wäre ihr nicht das geringste
passiert, zweitens hätten sich Hitler und seine Komplizen weit
schwerer getan, das Land der Dichter und Denker in den Griff zu
bekommen und das der Massenmörder in Gang zu bringen«, so
Gottfried Reinhardt, österreichisch-amerikanischer Regisseur,
Produzent und Sohn Max Reinhardts, zur Verantwortung jener,
die in der deutschen Öffentlichkeit standen.[48]

Für viele SchauspielerInnen, die nach 1933 weiterhin in Deutschland auf den Bühnen und vor den Filmkameras standen, schien
eine Emigration ins fremdsprachige Ausland wegen fehlender
Sprachkenntnisse unmöglich. Da man selbst nicht verfolgt wurde,
war der Druck fortzugehen nicht so groß. Man konnte es sich
eskapistisch einrichten. Unter jenen, die blieben, gab es aber
auch solche, die nicht ignorierten, was rund um sie geschah
oder die etwa ihr Privatleben zum Wohlgefallen des Regimes
aufgaben.
   Hans Söhnker, der wie Hans Albers bei Dreharbeiten lauthals
das NS-System kritisierte, gleichzeitig aber in Propagandafilmen
wie *Blutsbrüder* mitspielte,[49] soll, so besagen zahlreiche Berichte

von SchauspielkollegInnen, neben seiner offen zur Schau getragenen Kritik am Regime auch regelmäßig Juden versteckt haben. Söhnker selbst enthielt sich einer entsprechenden Erzählung dazu, und auch Belege von geretteten Juden sind für seine Hilfe nicht auffindbar.

Dass die Schauspielerin Dorothea Neff von 1941 bis 1945 ihre jüdische Freundin Lilli Wolff in ihrer Wiener Wohnung versteckte, ist hingegen belegt, auch wenn die Schauspielerin mehr als 30 Jahre lang über ihre Hilfe für Wolff Stillschweigen bewahrte, bis sie Ende der 1970er-Jahre in einem Interview darauf zu sprechen kam. Nur der junge Arzt Erwin Ringel wusste von der Versteckten, da er den beiden Frauen mit notwendigen Injektionen für Lilli Wolff half.[50] 1979 wurde Neff als eine »Gerechte unter den Völkern« der israelischen Gedenkstätte Yad Vashem geehrt.[51]

Zu jenen, die nicht so weit gingen wie Dorothea Neff, aber in einem eindeutigen Dissens zu Hitlers Deutschland standen, und dort weiter arbeiten wollten, gehörte der 1937 verstorbene Filmstar Renate Müller. Sie war der Inbegriff des aufgeweckten, strahlenden blonden deutschen Mädels. Weniger ätherisch als Lilian Harvey, aber mindestens ebenso musikalisch begabt, war sie schon in der Weimarer Republik ein Star.

1933 feierte Müller mit der Komödie *Viktor und Viktoria* einen der größten Kinoerfolge des Jahres.[52] Die für die NS-Zeit völlig untypische Komödie über eine Frau, die einen Mann spielt, der eine Frau spielt, festigte Müllers Ruhm im Komödienfach, das sie allerdings nur auf der Leinwand geben konnte: Im wirklichen Leben wurde der Filmstar, dessen Partner der jüdische Bankier Georg Deutsch war, von Goebbels massiv unter Druck gesetzt.[53]

Müller wurde wiederholt vom Propagandaminister zu Empfängen in der Reichskanzlei eingeladen und dabei direkt neben den anwesenden Hitler platziert.[54]

In den Medien verbreitete Vermutungen, Goebbels hätte Müller
für Hitler auserkoren, lassen sich allerdings nicht bestätigen. Als
die Schauspielerin Goebbels' dritter Einladung nicht mehr folgte,
begann ihre Überwachung durch die Gestapo. Ein Auftrittsverbot
Müllers stand für den Propagandaminister außer Frage, dafür war
sie zu bekannt und zu beliebt.

Goebbels entschied sich dafür, auf die Schauspielerin in einer
für die Öffentlichkeit weniger offensichtlichen Art und Weise
Druck auszuüben: Müllers Bankkonten wurden überwacht, sie

Renate Müller

selbst wurde abgehört, und nachdem Müller regelmäßig zu ihrem emigrierten Geliebten nach London reiste, wurde ihr von Goebbels gedroht, dass man Müllers Vater in ein KZ deportieren ließe, so sie noch einmal zu Deutsch fahren sollte.[55]

Müller tat es in vielem Hans Albers gleich: Sie verweigerte Staatsempfänge und drehte weitaus weniger Propagandafilme als viele ihrer Kolleginnen. Doch Müller ertrug den Druck, der auf sie in Deutschland ausgeübt wurde, nicht so gut wie ihr Hamburger Pendant: Alkohol- und Tablettenmissbrauch machten ihr zu schaffen, die Beziehung zu Georg Deutsch scheiterte letztlich.

Erfolglos versuchte der Bankier seine Geliebte zu überreden, in England zu bleiben, um dort ihre Karriere fortzusetzen, schließlich waren ihre Filme *Sunshine Susie* und *Marry Me* auch jenseits des Ärmelkanals große Erfolge gewesen. Müller zog es aber vor nach Deutschland zurückzukehren, wohl auch, um bei ihren Eltern zu sein, die ihr sehr nahestanden. [56]

Im September 1937, während ihrer Dreharbeiten für den Propagandafilm *Togger*, stürzte die 31-jährige aus einem Fenster ihres Berliner Hauses auf die Straße. Wochen später, am 7. Oktober 1937, starb sie im Krankenhaus nach stundenlangen epileptischen Anfällen.

Die Drehbuchautorin Thea von Harbou, Hans Brausewetter, Lilian Harvey und Willy Fritsch gehörten zu den KollegInnen vom Film, die ihre Trauerfeier besuchten.

Gerüchte über Selbstmord bzw. Mord durch die Gestapo machten kurz nach Müllers Tod die Runde und hielten sich über Jahrzehnte. »Man hat sie systematisch hingerichtet, auf Raten sozusagen«,[57] so der Regisseur Arthur Maria Rabenalt zum Tod Müllers. Kurze Zeit nach ihrem Ableben wurde Müllers Haus von der Gestapo übernommen, ihre Korrespondenzen vernichtet, der Nachlass zwangsversteigert.[58] Der Erlös ging an den Unrechtsstaat, der die Schauspielerin so gequält hatte.

Sich im System arrangieren

Es heißt, Müller wollte nicht in die Emigration, weil sie sich dann geschlagen gegeben hätte, sozusagen dazu gezwungen gewesen wäre klein beizugeben. Diesen Gedankengang konnten sich nur nichtjüdische KünstlerInnen in Deutschland leisten. Wie viele Stars sahen aber ihren Verbleib im Dritten Reich ähnlich wie Renate Müller?

Die Aussicht, in der Emigration nicht nahtlos an die erfolgreiche Schauspielkarriere in Deutschland anschließen zu können, sondern das erarbeitete Vermögen zurücklassen und wegen der Sprachschwierigkeiten vielleicht andere Arbeit annehmen zu müssen, oder gar auf Hilfsorganisationen angewiesen zu sein, war für viele alles andere als verlockend. Dass es bis 1938 die Möglichkeit gab, nach Österreich zu emigrieren, wo es sprachliche Schwierigkeiten nicht gab, oder sich in der Schweiz um Engagements zu bemühen, schien dabei oft außer Acht gelassen worden zu sein.

Adolf Wohlbrück, Renate Müllers Filmpartner in *Viktor und Viktoria,* emigrierte 1936 nach England. Dort konnte der von den Nazis als »Halbjude« klassifizierte schwule Schauspieler seine Karriere unter dem Namen Anton Walbrook erfolgreich fortsetzen. Der gebürtige Wiener mit dem ganz besonders düsteren Sex-Appeal gehörte nicht zu jenen »halbjüdischen« Künstlern, die sich noch aus der Emigration dem Dritten Reich andienten, wie es etwa der österreichische Startenor Richard Tauber aus dem Exil in Den Haag versuchte.[59] Wohlbrück kümmerte sich in der Emigration finanziell um jene ExilantInnen, die nicht so problemlos wie er selbst an ihre Karriere anschließen konnten.[60] Dieses Engagement war sich der Schauspielstar schon alleine durch seine antifaschistische Haltung schuldig.

Unter den in Deutschland erfolgreichen Regisseuren befand sich der deutsch-dänische Regisseur Detlef Sierck, der bis 1937 Filme mit Zarah Leander wie *La Habanera* und *Zu neuen Ufern* drehte und für den fulminanten Aufstieg der schwedischen Schauspielerin verantwortlich war. Kurze Zeit nach diesen großen Kinoerfolgen verließ Sierck Nazideutschland. Seine zweite Frau, die Schauspielerin Hilde Jary, war Jüdin. Eine von politischer Seite vorgeschlagene Trennung lehnte Sierck ab.

Die Emigration brachte das Paar über die Niederlande und Frankreich letztlich in die USA. In Hollywood versuchte Sierck erst als Drehbuchautor Fuß zu fassen, ehe er dort mit *Hitler's Madman* 1943 seine erste Hollywood-Regiearbeit ablieferte. Mitten im Krieg war Sierck, der sich mittlerweile Douglas Sirk nannte, sehr weit von seinen späteren Hollywood-Melodramen, mit Jane Wyman, Lara Turner und Rock Hudson in den Hauptrollen und für die ihn Rainer Werner Fassbinder verehrte, entfernt. Siercks erster Hollywoodfilm war tatsächlich hochpolitisch: Er beschäftigte sich mit der Ermordung Reinhard Heydrichs, dem Chef der Sicherheitspolizei und des SD, stellvertretenden Reichsprotektor Böhmen und Mähren und Leiter der Wannseekonferenz.[61]

1949, im Gründungsjahr der Bundesrepublik Deutschland, zehn Jahre nachdem sie ihre Karriere in Deutschland aufgegeben hatte und der Zweite Weltkrieg ausgebrochen war, veröffentlichte *Der Spiegel* einen bitterbösen Artikel über Lilian Harvey, einen der größten weiblichen Filmstars Deutschlands der 1930er-Jahre. Harvey hatte ihre Filmkarriere längst beendet, gab aber europaweit Konzerte und lebte in Frankreich. In dem Artikel schwangen offensichtliche Kränkungen mit, da Harvey 1939 aus Deutschland fortgegangen war und den von Hitler heraufbeschworenen Krieg nicht an der Seite der Deutschen miterlebt hatte.[62]

Harvey war 1907 in London zur Welt gekommen und damit eine gebürtige Engländerin, wenn auch mit deutschem Vater. Abgesehen davon, dass ihr dank ihrer Doppelstaatsbürgerschaft mehrere Möglichkeiten offenstanden, konnte sie nicht in Deutschland bleiben: Harvey galt, anders als Willy Fritsch, mit dem sie 13 Filme lang das Traumpaar des deutschen Kinos bildete, als politisch unzuverlässig.

Der Prototyp des süßen Mädels hinterlegte 1937 für den inhaftierten schwulen Choreographen Jens Keith die Kaution über 100.000 Reichsmark und verhalf ihm anschließend zur Flucht. Harvey ließ sich von wiederholten Gestapo-Verhören nicht beeindrucken und legte beim Propagandaminister nicht zuletzt gegen die Überwachung durch die Gestapo persönlich Beschwerde ein.

An Lilian Harveys Beispiel zeigt sich deutlich, wie sehr die Gesellschaft in Nazideutschland auf Bespitzelung basierte: Die Schauspielerin hielt trotz Überwachung Kontakt zu ihren jüdischen FreundInnen, die noch in Deutschland waren, und lud sie auch weiterhin zu sich nach Hause ein. Anonyme Drohbriefe, an Harvey adressiert, häuften sich, und bei der NS-Spitze wurde sie bald als »politisch unzuverlässig« vermerkt.

1939 drehte Harvey mit *Frau am Steuer* ihren letzten Film in Deutschland, ehe sie ins französische Exil ging. Wie im Magazin *Der Spiegel* aus dem Jahr 1949 nachzulesen ist, wurde dem Ufa-Star und ehemaligen Liebling der Deutschen vorgehalten, dass sie fortgegangen war. Hatte man schon vergessen, dass mit dem deutschen Überfall auf Polen der Zweiten Weltkrieg entfesselt worden war?

Dass Lilian Harvey während ihrer Karriere unter dem NS-Regime Rückgrat bewiesen hatte und ihr letztlich keine andere Wahl als das Exil blieb, für das sie einen beträchtlichen Anteil ihres Vermögens in Deutschland zurücklassen musste, wurde im beleidigten *Spiegel*-Artikel tunlichst ausgeklammert.

Der Kongress tanzt, so der Filmtitel eines der größten Erfolge Harveys, kam 1931 in die deutschen Kinos und schrieb mit der bis dahin längsten Kameraeinstellung Filmgeschichte.

Neben dem schwulen Regisseur Erik Charell und dem jüdischen Drehbuchautor Robert Liebmann standen in diesem Film
auch einige Schauspieler vor der Kamera, die sich auf der schwarzen Liste der Nationalsozialisten befanden, wie etwa der in die
politische Emigration gegangene Conrad Veidt, der Metternich
verkörperte, oder der jüdische Schauspieler Otto Wallburg, der
Bibikoff, den Adjudanten des russischen Zaren darstellte, und
einer der beliebtesten Schauspieler der Weimarer Republik gewesen war.

»Der Kongress tanzt«: Lilian Harvey, Willy Fritsch, Otto Wallburg.

Am 1. Oktober 1937 wurde der Film von der Reichsprüfstelle verboten, weil Juden an dem Film mitgewirkt hatten und er das »nationalsozialistische Empfinden« beleidigt habe.

Wallburg, eigentlich Otto Maximilian Wasserzug, war Schüler Max Reinhardts und konnte, obwohl Jude, noch bis 1934 in Deutschland weiterdrehen. Nach dem erteilten Arbeitsverbot durch die Reichskulturkammer ging Wallburg ins österreichische Exil und blieb nach kurzen Stationen in der Schweiz und Frankreich letztlich in den Niederlanden, da er seinen Versuch in die USA zu emigrieren zu spät auf sich genommen hatte.

In den Niederlanden lernte Wallburg Ilse Rein kennen, die sich wegen der Beziehung zu dem Berliner Schauspieler von ihrem Mann trennte. Gemeinsam lebten sie nach der Besetzung Hollands durch die Deutschen im Amsterdamer Untergrund, wurden aber denunziert und gemeinsam mit Ilses Mann ins Durchgangslager KZ Westerbork deportiert: Wallburg, weil er Jude war, Rein, weil sie »Rassenschänderin« war und ihr Ehemann, weil er von der Liebesbeziehung zwischen den beiden gewusst hatte.

Vom Durchgangslager Westerbork wurde Wallburg am 31. Juli 1944 ins KZ Theresienstadt und von dort am 28. Oktober 1944 nach Auschwitz deportiert. Als Wallburgs Sohn Klaus Peter im Sommer 1950 nach dem Verbleib seines Vaters forschte, erfuhr der 20-Jährige vom Niederländischen Roten Kreuz, dass er direkt nach der Ankunft in Auschwitz, am 30. Oktober 1944, vergast worden war.[63]

Künstlerisches Mitläufertum

Kaum waren die Nationalsozialisten an der Macht, wurden sie von KünstlerInnen wie dem Komponisten Hans Pfitzner unterstützt. Pfitzner hatte sich gegen das »Musikjudentum« und den »Kulturbolschewismus« mit klaren antisemitischen Positionierungen geäußert, die er auch schon lange vor dem NS-Regime veröffentlichte. Es gab kaum Komponisten von ähnlicher Bedeutung wie Pfitzner, die durch ihre musikalische Autorität schon kurz nach der »Machtergreifung« das nationalsozialistische Kulturverständnis untermauerten.[64] Dabei erwartete Pfitzner, der sich als Vorläufer und Wegbereiter des Nationalsozialismus verstand, beständige Dankbarkeit des Regimes und stieß damit die NS-Elite vor dem Kopf.[65]

Andere bedeutende Komponisten wie etwa Richard Strauss arrangierten sich ohne größere Schwierigkeiten mit dem System. Strauss wurde Präsident der 1933 entstandenen Reichsmusikkammer, die als Teil der Reichskulturkammer Goebbels' Reichsministerium für Propaganda und Volksaufklärung unterstellt war. Der Komponist schien davon überzeugt, dass er durch sein Engagement tatsächlich etwas für die Musik in Deutschland tun konnte und nicht nur als Feigenblatt für die Kulturpolitik der Nazis diente, was er tatsächlich aber war. Letztlich bestand für ihn die Möglichkeit, die Ausnahmezusammenarbeit Strauss' mit Stefan Zweig für die Oper *Die schweigsame Frau* als Zeichen der Toleranz des NS-Staates gegenüber Juden zu werten. Ob Strauss' Versuche seinen Kontakt zu Hans Frank,[66] dem Generalgouverneur im besetzten Polen, für ihn bekannte Personen, die in »diesen dummen KZs«[67] saßen, erfolgreich zu nutzen, muss mehr als bezweifelt werden.

Sicher ist, dass ein Brief von Strauss an Zweig von der Gestapo abgefangen wurde, in dem sich der Komponist klar gegen Zuschreibungen wehrt, er hätte sich politisch im Sinne der braunen Machthaber hervorgetan: *»Unter jeder Regierung hätte ich dieses ärgerreiche Ehrenamt angenommen. Aber weder Kaiser Wilhelm noch Herr Rathenau hat es mir angeboten.«*[68] Strauss schienen die Folgen seines Engagements nicht klar zu sein, hatte er doch für nahezu jeden öffentlichen Auftritt, mit dem er für das Regime warb, eine musikalische Erklärung parat.

Hält man sich vor Augen, dass nach der »Machtergreifung« keine andere Branche derartig rasch umgebaut wurde, so gab es durch den Kahlschlag der Nazis nur in der Operette massivere Einschnitte, als im Theater und in der Filmindustrie. Das »verjudete« Musiktheater sorgte neben den zeitgenössischen Musikfilmen für jene »Hits«, die zu Gassenhauern wurden.

Dass die Mehrheit der InterpretInnen, Librettisten und ein Großteil der maßgeblichen Operettenkomponisten jener Zeit wie Leo Fall, Paul Abraham, Edmund Eysler, Leon Jessel und Emmerich Kálmán Juden waren, stellte die Nationalsozialisten vor ein Problem, denn nur drei der populärsten Komponisten waren keine Juden: Ralph Benatzky, Robert Stolz und Franz Lehár.

Zwei dieser nichtjüdischen Komponisten waren allerdings schon vor der »Machtergreifung« Hitlers mit Jüdinnen verheiratet, Benatzky und Lehár. Benatzky, dem in der Literatur immer wieder selbst fälschlicherweise eine jüdische Herkunft zugeschrieben wurde, kommentierte schon in den 1920er-Jahren »das hakenkreuzlerische Leben« in seinem Tagebuch als: »arisch arrogant, provinzlerisch gackernd.«[69]

Er verließ Deutschland 1932 mit seiner dritten Ehefrau, der Tänzerin Melanie Hoffmann, Richtung Schweiz, von wo aus er für Theaterproduktionen in Wien arbeitete, aber auch noch Musik für Ufa-Filme schrieb, wie etwa für Zarah Leanders filmischen Durchbruch *Zu neuen Ufern*.

Als von der Ufa die Aufforderung zum »Ariernachweis« für ihn selbst und seine jüdische Ehefrau eintraf, ließ Benatzky diese unbeantwortet. Wenig später folgte die Emigration des Ehepaares in die USA.[70]

Robert Stolz verließ Deutschland ebenfalls aus politischen Gründen. Auch wenn die Nazis ihn als »deutschen Komponisten« hofierten und zum Bleiben bewegen wollten, war es für den gebürtigen Grazer unvorstellbar, sich ihnen anzudienen. In einem

französischen Internierungslager lernte Stolz seine spätere Ehefrau Yvonne Ulrich, »Einzi«[71] genannt, kennen. Gemeinsam emigrierten sie 1940 über Genua in die USA.

Franz Lehárs Zugang zur neuen politischen Situation gestaltete
sich völlig anders als der seiner beiden Kollegen. Er, neben Richard
Wagner Lieblingskomponist Hitlers, genoss seinen späten Ruhm.
Für seine Ehefrau Sophie wurde, dank der schützenden Hand
Hitlers, eine Ausnahmeregelung gefunden. Sie musste auch den
für Jüdinnen und Juden ab September 1938 vorgeschriebenen
Judenstern nicht tragen.[72] Der Komponist, der 1870 im ungarischen
Komorn (heute: Slowakei) zur Welt gekommen war, sich dezi-
diert zur deutschen Kultur bekannte und Widmungen an Hitler
mit dem »Deutschen Gruß« unterzeichnete, wurden in der NS-
Zeit zahlreiche Ehrungen zuteil. Unter anderem erhielt er 1940
von Goebbels die Goethe-Medaille für Wissenschaft und Kunst
verliehen.

Die Versicherung gegenüber dem Propagandaminister, dass
Sophie Lehár im Ausland leben würde, war für diese Ehrung
sicherlich zuträglich.[73]

So wie Lehár darüber Bescheid wusste, dass sein Zugpferd
Richard Tauber geflüchtet war, war es auch kein Geheimnis, dass
sein bedeutendster Librettist Fritz Löhner-Beda bereits mit dem
sogenannten »Prominententransport« am 1. April 1938 von Wien
ins KZ Dachau deportiert worden war. Löhner-Beda, der für Texte
von Schlagerklassikern wie »Ich hab' mein Herz in Heidelberg
verloren« und »Ausgerechnet Bananen« verantwortlich war,
wurde am 4. Dezember 1942 im Buna-Werk der IG Farben in
Auschwitz ermordet.[74] Fritz Löhner-Bedas Texte wurden in der
NS-Zeit weitergesungen, sein Name verschwand völlig aus der
Öffentlichkeit.

Sondergenehmigt und gottbegnadet

Lehár war nicht der einzige Künstler, der mit einer Jüdin verheiratet war und der auf Protektion von höchster Stelle vertrauen
konnte. Hans Moser, von Goebbels wegen seines »undeutschen«
Auftretens durchwegs abgelehnt, aber ein Lieblingsschauspieler
Hitlers, schrieb für seine jüdische Ehefrau Blanca nach dem »Anschluss« ein Gnadengesuch, datiert vom 24. Oktober 1938 an Hitler
persönlich, um Protektion für Blanca Moser (geb. Hirschler), mit
der er bereits seit 1913 verheiratet war, zu erbitten.

»Wien, 24. Oktober 1938

Mein Führer!

Ich lebe mit meiner Frau seit 25 Jahren in glücklichster Ehe. Ich bin
vollkommen arischer Abstammung, während meine Frau Jüdin ist. Die
für Juden geltenden Ausnahmegesetze behindern mich außerordentlich,
insbesondere zermürben sie mich seelisch, wenn ich ansehen muss, wie
meine Frau, die so viel Gutes für mich getan hat, dauernd abseits stehen
muss. Ich würde mir nicht erlaubt haben, dieses Gnadengesuch vorzubrin-
gen, aber ich habe so viel Kummer (jetzt wieder durch die neuen Reisebe-
stimmungen). Ich bitte Sie deshalb inständigst meiner Gattin die für Juden
geltenden Sonderbestimmungen gnadenweise zu erlassen, insbesondere
von der Eintragung des »J« in ihrem Pass und von der Führung des ihr auf-
erlegten jüdischen Vornamen zu befreien.

Heil mein Führer, Hans Moser«[75]

Mit September 1938 wurden alle Juden und Jüdinnen in Deutschland, und damit auch der »Ostmark«, zum Tragen des Judensterns
gezwungen, in ihre Pässe wurde ein »J« gestempelt und sie mussten
Zwangsvornamen tragen: die Frauen »Sara«, die Männer »Israel«.[76]
Natürlich wurde Moser von Seiten des nationalsozialistischen
Regimes wie allen anderen »jüdisch versippten« KünstlerInnen
nahegelegt, sich scheiden zu lassen. Da er aber zu den Lieblings-

schauspielern Hitlers gehörte und eine Scheidung von seiner geliebten Ehefrau völlig außer Frage stellte, wurde von einem möglichen Entzug seiner Sondergenehmigung bei Nichtbefolgung der
Vorgaben Abstand genommen.

Dass Moser eine jüdische Ehefrau hatte, wurde aber dennoch in
propagandistischen Medien wie der SS-Zeitung *Das Schwarze Korps*
durchexerziert. Keine Gelegenheit zur rassistischen Hetze wurde
ausgelassen.[77]

Mosers Sondergenehmigung war bereits 1933 eben wegen
seiner Ehe mit einer »Volljüdin« für seine Arbeit in Deutschland
erteilt worden.[78] Durch seine Popularität war Blanca, auch weil
beide ja bis zum »Anschluss« keine BürgerInnen des Deutschen
Reiches waren und obwohl er in Berlin arbeitete, sicher.

Blanca und Hans Moser, um 1940.

Mit 1938 änderte sich alles für die beiden: Hans Moser überredete seine Frau, über die neutrale Schweiz direkt nach Budapest zu reisen, dort sollte sie in Sicherheit abwarten. Blanca blieb sechs lange Jahre in Budapest.[79]

Das verräterische »J« wurde nicht in ihren Pass gestempelt, und »Sara« wurde nicht Blanca Mosers zweiter Vorname. Das Gnadengesuch an den Diktator hatte seine Wirkung gezeigt. Blanca Moser erhielt einen ähnlichen Status wie Sophie Lehár, der offiziell keine Bezeichnung hatte, dem aber der Begriff »Ehrenarierin« am nächsten kam.[80]

Publikumsliebling Moser hätte vielleicht bis 1938 auch nur in Österreich drehen können, wo er ja vor allem im Theater in der Josefstadt auf der Bühne stand. Er hätte es jenen Künstlern gleichtun können, die, nachdem sie Deutschland verlassen mussten, in Österreich bis zum »Anschluss« eine – vorübergehende – künstlerische Wohnstatt fanden.

Moser aber stand vor und nach dem »Anschluss« in Deutschland vor der Kamera. Fünf Jahre lang schien es ihm möglich, den Spagat zwischen dem nationalsozialistischen Berlin und seiner jüdischen Frau Blanca in Baden bei Wien zu schaffen. Erst ab 1939 filmte er vermehrt für die »Wien Film«, die zu diesem Zeitpunkt längst nationalsozialistisch geprägt war.

Dass es unter Mosers Filmen, die er für die Ufa vor 1938 gedreht hatte, nicht nur reine Unterhaltungsfilme gab, lässt einen Schauspieler erkennen, dem es nicht nur um das Wohl seiner Frau, sondern auch um seine Karriere und die Anerkennung in Deutschland ging.

Ob Hans Moser in vorauseilendem Gehorsam 1937 unter Veit Harlans Regie in dem demokratiefeindlichen propagandistischen Unterhaltungsfilm *Mein Sohn, der Herr Minister* mitspielte, ist unklar. Eindeutig ist jedoch, dass dieser Film Mosers bis heute von der Friedrich-Wilhelm-Murnau-Stiftung als einer von

40 propagandistischen »Vorbehaltefilmen« eingestuft ist. *Mein Sohn, der Herr Minister* darf also nur in Zusammenhang mit einer fachlichen Einleitung und einer Diskussion gezeigt werden.[81]

1944 erreichte die deutsche Gesandtschaft in Budapest ein Schreiben mit dem Betreff »Schauspieler Hans Moser«, in dem Mosers Sorge, »*daß seine Frau in Budapest von einer deutschen oder ungarischen Juden-Aktion erfaßt, in Haft gesetzt oder deportiert wird.*«, Ausdruck verliehen wurde. Man bittet um Kontaktaufnahme »*mit den zuständigen ungarischen Stellen, um mitzuteilen, dass die nächsten Familienangehörigen von Hans Moser Schutz genießen, damit von dort aus gegen die Ehefrau des Genannten keine diesbezüglichen Schritte unternommen werden.*«[82]

Hans Moser war einer der wenigen Schauspieler, der mit einer sonst so fragilen Sondergenehmigung auf der »Gottbegnadeten-Liste« zu finden war. Er stand im Gegensatz zu etwa Hans Albers schon früher auf verschiedenen weißen Listen der Nazis, 1944 dann auch auf der »Gottbegnadeten-Liste«, die nach Goebbels berüchtigter Ankündigung vom »totalen Krieg« im Berliner Sportpalast vom 18. Februar 1943 eine Freistellung von Kriegs- und Arbeitseinsatz sicherte. Moser war auf der Liste mit dem Vermerk »verheiratet mit Volljüdin« eingetragen. Lediglich 1.041 Personen wurden auf der 36 Seiten langen »Gottbegnadeten-Liste« genannt. Dass auf den Listen jene KünstlerInnen, die Goebbels für seine Filmindustrie benötigte, stark vertreten waren, verwundert nicht: 280 Schauspieler, 227 Schauspielerinnen, 78 Filmautoren, 18 Filmautorinnen und 35 Filmregisseure[83] waren für den Propagandaminister unerlässlich.

Dass Moser auf dieser Liste zu finden war, hatte er Hitler zu verdanken. Goebbels nahm zwar den Zuspruch des Publikums gegenüber Moser wahr, konnte dem nuschelnden Wiener jedoch kaum etwas abgewinnen.

Der kleingewachsene, leicht untersetzte Schauspieler wusste
von Goebbels' Abneigung. Deshalb wandte er sich in seiner Bitte
um den Schutz für seine Frau auch nicht an seinen direkten Vor-
gesetzten, den Minister, sondern an Hitler selbst. Hans Moser entsprach einfach nicht dem Idealbild des Deutschen im NS-System,
das Goebbels für Deutschland und die Kinoleinwand vorschwebte
und dessen körperlicher Prototyp Hans Albers war – den Goebbels
persönlich aber mindestens ebenso wenig mochte wie Moser.[84]

Das Wohlwollen des Diktators

Hitler hielt seine schützende Hand nicht nur über Lehár und
Moser, sondern protegierte auch andere KünstlerInnen. Darüber
hinaus bezog der Diktator immer wieder auch klare Positionen
bei KünstlerInnen, im Besonderen, wenn Goebbels und Göring
ihre Kämpfe auf den Rücken der Kunstschaffenden austrugen.[85]
Tatsächlich kamen Auseinandersetzungen zwischen Propagandaminister und Reichsmarschall in den zwölf Jahren des »tausendjährigen Reichs« nicht selten vor.

Nach anfänglichen Grabenkämpfen mit dem einflussreichen
Reichsminister ohne Geschäftsbereich und Ministerpräsiden-
ten von Preußen, Hermann Göring,[86] mit Alfred Rosenberg, dem
»Rassenideologen« der NSDAP[87] und Robert Ley, dem Leiter des
Einheitsverbandes Deutsche Arbeiterfront,[88] die allesamt kultur-
politische Ambitionen hatten, verstand sich Propagandaminister
Goebbels an der Seite Hitlers als bedeutendste Kunstinstanz des
»Dritten Reiches«.[89]

Die von Goebbels ins Leben gerufene Reichskulturkammer innerhalb des ihm unterstellten »Reichsministeriums für Volksaufklärung und Propaganda« wurde zum Gegengewicht von Leys
»Deutscher Arbeiterfront« und Rosenbergs »Kampfbund für
deutsche Kultur«. Keine der beiden anderen Organisationen verfügte über ähnliche Befugnisse, wie die im Juli 1933 gegründete

Reichskulturkammer, Entscheidungen über das Wohl oder Weh
von KünstlerInnenkarrieren zu treffen.

Sie war die Organisation, die sich in der Verantwortung um die
»Reinheit der deutschen Kunst« sah und damit für die »Entjudung«
derselbigen zu sorgen hatte. Die »Nürnberger Gesetze« wurden in
der Reichskulturkammer als Richtlinie eingesetzt, jedoch wurden die Entscheidungen darüber, welche KünstlerInnen als »Vierteljuden«, »Halbjuden« oder »jüdisch versippt« klassifiziert und
vom System weiterverwendet bzw. geduldet wurden, alleine von
Goebbels getroffen, der sich die Zustimmung Hitlers einholte.[90]

In der entsprechenden Richtlinie zur »Entjudung« vom
3. Januar 1939 hielt Goebbels wie folgt fest: »Halbjuden sind in

Von links nach rechts: Joseph und Magda Goebbels, Emmy und Hermann Göring.

den Kammern nur in ganz besonderen Einzelfällen und nur mit
meiner persönlichen ausdrücklichen Genehmigung zu belassen;
Vierteljuden können in den Kammern verbleiben, es sei denn,
dass sie sich gegen den Staat oder gegen den Nationalsozialismus
vergangen haben oder sonst beweisen, daß sie dem Judentum zu-
neigen; wer mit einer Jüdin verheiratet ist, wird grundsätzlich wie
ein Halbjude behandelt; wer mit einer Halbjüdin verheiratet ist,
grundsätzlich wie ein Vierteljude«. [91]

Goebbels' narzisstische Persönlichkeit in Verbindung mit seinen Vorlieben und Befindlichkeiten und seine daraus resultie-
rende Willkür waren zentrale Bestandteile in der Vergabe und
Gewährungsdauer von Sondergenehmigungen für »jüdisch
versippte« KünstlerInnen, die jederzeit wieder entzogen werden konnten und »auf Widerruf« ausgestellt wurden. Auch die
Zwangsmitgliedschaft für »deutschblütige« KünstlerInnen in den
zuständigen Fachschaften und Kammern gehörte zu Goebbels'
Verständnis von nationalsozialistischer Kulturpolitik. [92]

Wer seine Herkunft nicht lückenlos dokumentieren konnte,
wie etwa der österreichische Schauspieler Paul Henreid, der einer
»Herkunftsverschleierung« verdächtig geworden war, gelangte
wie andere KünstlerInnen »uneindeutiger« Herkunft, Homosexu-
elle und jüngere KünstlerInnen, die sich erst im NS-Kulturbetrieb
unter Beweis stellen mussten, auf die Liste »Vorsicht!«, die bis zum
Kriegsende bestehen blieb. Alle darauf Befindlichen waren zur
besonderen Beobachtung vermerkt worden. [93]

Henreid, der bereits 1935 nach England emigrierte und 1940
in den USA ankam, blieb bis 1945 auf der Liste, obwohl er schon
längst in Hollywood Karriere gemacht hatte. Seine wohl bis
heute berühmteste Rolle war die des Widerstandskämpfers
Victor Laszlo im Klassiker *Casablanca*. Henreid nahm übrigens
in seiner Hollywood-Karriere keinerlei Filmrollen an, in denen er Nationalsozialisten spielen sollte, wie es für viele andere

emigrierte deutschsprachige Schauspieler üblich war. Er übernahm stattdessen Rollen von Widerstandskämpfern oder Opfern
des NS-Systems.[94]

Der Karrierist als Helfer

Die Verpflichtung, in letzter Instanz für eine »rassenbiologi-
sche« Überprüfung beim »Sippenamt« vorstellig zu werden, hatte
man sich in der Reichskulturkammer für jene KünstlerInnen
vorbehalten, die ihre Herkunft nicht lückenlos dokumentieren
konnten. Hier wurden die »Prüflinge« nach »äußeren Merkmalen«
beurteilt, um zu entscheiden, ob sie der »jüdischen Rasse« zuzu-
rechnen waren, wie Bärbel Schrader in ihrer umfangreichen For-
schung zur Reichskulturkammer festgehalten hatte.

Die Beamten sahen ihre Aufgaben auch in der Beeinflussung
und Degradierung jener KünstlerInnen, die mit Jüdinnen und
Juden verheiratet oder die den »Nürnberger Gesetzen« entsprechend selbst als »Mischlinge ersten bzw. zweiten Grades« und als
»Halb-« bzw. »Vierteljuden« galten. Ihnen war eine Vollmitgliedschaft in der Reichskulturkammer, die allen »arischen« KünstlerInnen vorgeschrieben war, verwehrt. Nur in besonderen Aus-
nahmefällen kam es dazu, dass »jüdisch versippte« KünstlerInnen
eine Mitgliedschaft in der Reichskulturkammer erhielten. Wie
Joachim Gottschalk[95] oder Theo Lingen,[96] dessen Ehefrau die als
»Halbjüdin« geltende österreichische Sängerin Marianne Zoff war,
die in erster Ehe mit Bertolt Brecht verheiratet gewesen war.[97]

Ob die Tatsache, dass Lingen mit Gründgens befreundet und
an dessen Preußischem Staatstheater engagiert war, bei der Aufnahme in die Reichskulturkammer hilfreich gewesen sein mag,
sei dahingestellt. Goebbels jedenfalls war auf Gründgens' Gönner
Hermann Göring nicht sonderlich gut zu sprechen.

Tatsächlich war das Preußische Staatstheater unter dem Intendanten Gustaf Gründgens, dem einstigen Schwiegersohn von

Thomas Mann, so etwas wie ein sicherer Hafen für jüdische und
»jüdisch versippte« KünstlerInnen, unterstand es doch direkt
Goebbels' parteiinternem Gegenspieler Göring, dem Preußischen
Ministerpräsidenten, und lag damit außerhalb des Einflussbe-
reichs des Propagandaministers und dessen Launen.[98]

Gründgens, der so schwer zu fassende Ausnahmeschauspieler,
übernahm bereits 1934 die Intendanz des Preußischen Staatstheaters in Berlin und hatte weitgehend freie Hand, auch da sich

Gustaf Gründgens

Göring gerne als Gönner inszenierte und sich selbst im Erfolg des Preußischen Staatstheaters unter Gründgens sonnte. Selbst Gründgens' Bekenntnis zu seiner Homosexualität änderte nichts an der Protektion des Reichsmarschalls. Emmy Göring, die bis kurz vor ihrer Eheschließung als Emmy Sonnemann eine Schauspielkollegin Gründgens' war, machte vereinzelt für jüdische MitarbeiterInnen am Theater ihren Einfluss geltend.[99]

Bei allem Engagement Gründgens' für jüdische, »halbjüdische« und »jüdisch versippte« KünstlerInnen am Staatstheater darf man nicht davon ausgehen, dass hier alle sonst gültigen Regelungen völlig außer Kraft gesetzt wurden. Der Intendant holte bei Goebbels Sondergenehmigungen ein, so wie es auch an anderen Theatern Deutschlands üblich war, allein, der Herr über die Reichskulturkammer konnte Schauspielanforderungen von Gründgens an sein Haus durch die Protektion Görings nicht verhindern. Als 1941 in Berlin die Deportationen begannen, übernachteten einige der jüdischen Angehörigen wiederholt im Theater.[100]

In Interviews nach dem Krieg beschrieb sich Gründgens gerne als unpolitischen Schauspieler. Weder sein ausgesprochenes Streben nach Ruhm in den Jahren von 1933 bis 1945 und der damit verbundenen besonderen Nähe zur braunen Elite, allen voran Göring, noch seine Hilfe für verfolgte KünstlerInnen schienen für ihn von wirklicher Bedeutung jenseits des Theaters.

In einem Interview von Günter Gaus in der Reihe »Zur Person« sprach Gründgens von einer für ihn und seine zweite Ehefrau, die Schauspielerin Marianne Hoppe, vorhandene Unwirklichkeit der Jahre unter dem braunen Terror.

Dass er einer der großen Nutznießer des Regimes war, blieb von ihm auch in diesem Gespräch, nur wenige Monate vor seinem Tod in Manila, unkommentiert. Die einzige Realität schien für Gründgens das Theater: »Die Unsicherheit, in der wir alle lebten, uns die Bühne als einzigen sicheren Faktor erscheinen ließ. Auf der Bühne, dem Planquadrat, wie ich es nenne, wusste ich genau, wenn ich diesen Satz sage, geht hinten eine Tür auf und eine Dame in einem grünen Kleid kommt herein und nicht ein SS-Mann.«[101]

Damit sprach der wohl größte Karrierist unter den deutschen SchauspielerInnen vielen anderen, die sich mit dem NS-System arrangierten, aus dem künstlerischen Herzen.

Was außerhalb des Theaters oder des Filmstudios passierte, wer von den KollegInnen verschwand, hatte in einer Gesellschaft, die so deutlich auf dem ausgrenzenden »Wir und die Anderen« aufgebaut war, hatte nur allzu oft keine besondere Bedeutung. Man wusste, was geschah und wer verschwand – nur gelang es dem NS-System durch gezielte Propaganda, dem Großteil der »Volksgemeinschaft« weizumachen, das Verschwinden der Anderen habe nichts mit ihnen zu tun.

Andrang vor dem Ufa Palast am Zoo in Berlin bei der Premiere von »Es war eine rauschende Ballnacht« (1939) mit Zarah Leander und Marika Rökk.

Lotte Lenya und Kurt Weill, 1920er-Jahre.

»NEIN, DARAN HAB ICH NIEMALS GEZWEIFELT«[102]

Lotte Lenya und Kurt Weill

Nachbarn im vornehmen Berliner Vorort Kleinmachnow schrieben Kurt Weill schon bald nach der nationalsozialistischen »Machtergreifung« im Jahr 1933 Briefe mit deutlichen Botschaften: *»Juden wie Sie sind in Kleinmachnow unerwünscht.«*[103]

Nachrichten dieser Art stapelten sich bald in Weills Haus, das er 1931 Lotte Lenya zum Geburtstag gekauft hatte. Nicht mehr lange und der jüdische Komponist würde das Haus verlassen – so wie das Land, in dem er 1900 geboren worden war. Die verbleibende Zeit in Berlin wohnte er unter falschem Namen in Hotels oder übernachtete bei seinen Freunden Caspar und Erika Neher.[104]

Sich mit den hetzenden Kleinmachnowern zu konfrontieren überstieg Kurt Weills emotionale Möglichkeiten, war er doch durch die bereits massiv verhetzende Presse gegen seine Person und seine Werke psychisch schon sehr stark angegriffen.

Er gehörte wie seine zweifache Ehefrau, die gebürtige Wienerin Lotte Lenya, zu jenen Kunstschaffenden und Intellektuellen, die Deutschland in den Jahren der Weimarer Republik nachhaltig geprägt hatten und die nicht daran dachten, sich mit dem braunen Regime arrangieren zu wollen.

Keinen Moment lang hatte sich das Paar eine mögliche Unterwerfung überlegt. Für andere mochte es denkbar sein, für Weill

und Lenya stand ein solches Unterfangen völlig außer Frage. Sowohl Weill als auch Lenya war bewusst, welche Formen des Terrors der Nationalsozialismus mit sich bringen würde. Beide hatten mit ihrer Arbeit in der Weimarer Republik stets eindeutig
politisch Position bezogen, ein Verbleib in Deutschland kam einer
Aufforderung zur baldigen Verhaftung gleich.

Die Schwarzen Listen der Nationalsozialisten waren lang und
ausführlich. Kurt Weill gehörte mit Sicherheit zu jenen Künstler-
Innen, die im Fadenkreuz der Nazis standen. Und das nicht nur,
weil er Jude war.

Sein umfangreicher Beitrag zur Epoche der Moderne brachte
Weill bei den Nationalsozialisten das Prädikat »entartet« ein,
und so gingen nicht nur Notenblätter seiner Musikstücke bei der
Bücherverbrennung am 10. Mai 1933 am Berliner Opernplatz in
Flammen auf, er wurde auch Teil einer Ausstellung mit dem Titel
Entartete Musik im Jahr 1938, die zur »Abschreckung« für die deut-
sche Volksgemeinschaft erarbeitet worden war. Um die Besucher-
Innen daran teilhaben zu lassen, welche Musikrichtungen vom
braunen Regime als »entartete Musik« verstanden wurden,
gehörten sechs schalldichte Hörboxen, Telefonzellen ähnliche
Kästen, in denen die »entartete« Musik von Schallplatte vorge-
führt wurde, zur Ausstellung.

Nachdem »Abschreckung und Aufklärung« die Gebote dieser
propagandistischen Ausstellung waren, mussten die Ausstel-
lungsbesucherInnen doch wissen, wovon man sprach und was
nunmehr verboten war.

Diese Ausstellung war natürlich nur eine Form, die »Volksge-
meinschaft« darüber aufzuklären, was musikalisch der neuen
Zeit entsprach, und was nunmehr als entartet und verboten galt.
Damit sollte auch das letzte interessierte Mitglied der deutschen
»Volksgemeinschaft« verstanden haben: Die Musik im »Dritten
Reich« wurde von jeglicher „Entartung" und »Verjudung« befreit.

Das unerhörte Neue hatte keinen Platz, das entstandene Vakuum musste gefüllt werden. Die Zeit der »arischen« Musik war angebrochen.[105]

Nach Düsseldorf, wo die Ausstellung im Rahmen der ersten Reichsmusiktage 1938 gezeigt wurde, war die Schau auch in München, Weimar und Wien zu sehen.[106] Der Überfall Deutschlands auf Polen am 1. September 1939 und der damit beginnende Zweite Weltkrieg verhinderten weitere Stationen der Schau.

Gegebene Möglichkeiten

Weder für Weill noch für Lenya stellte sich 1933 die Möglichkeit, in den innerdeutschen Widerstand zu gehen als eine ernsthafte Option dar. Anders als etwa für den Dramatiker Georg Kaiser, der sowohl Lenya als auch Weill nahestand und der Deutschland erst 1938 verließ. Oder für den kommunistischen Schauspieler Hans Otto, der schon bald in den politischen Untergrund ging und noch am 24. November 1933 an den Folgen der schweren Folterungen durch die SA und eines Fenstersturzes starb.[107] Für die Beerdigung Hans Ottos auf dem Stahnsdorfer Waldfriedhof, an der kaum jemand teilnahm, kam übrigens Gustaf Gründgens auf.[108]

Für Kurt und Lotte stand außer Frage, dass sie das Land verlassen mussten. Das Land, das ihnen zu Füßen lag und von ihnen künstlerisch mitgeprägt wurde, gab es 1933 nicht mehr. Das neue, im Gleichschritt marschierende Deutschland war ihnen unheimlich und fremd. Dieses neue Deutschland lehnte sowohl sie als Personen als auch ihr progressives Kulturverständnis völlig ab, auch wenn in den ersten Wochen nach Hitlers »Machtergreifung« noch Schallplatten mit Lenya und Ernst Busch produziert wurden.[109]

Bis zum 24. März 1933, als das »Gesetz zur Behebung von Not von Volk und Reich«, das allgemein als »Ermächtigungsgesetz« bekannt wurde und das die gesetzgebende Gewalt in Deutschland einzig und allein an Hitler übergehen ließ, häuften sich die raschen Ausreisen deutscher KünstlerInnen.

Klaus Mann verließ Deutschland bereits am 10. März 1933. An der Seite der Schweizer Schriftstellerin Annemarie Schwarzenbach reiste er von München über die Schweiz nach Paris. Die französische Hauptstadt, von jeher eine Stadt des Exils, sollte schon innerhalb weniger Wochen starken Zuwachs an EmigrantInnen aus Deutschland erleben.[110] Sein Vater Thomas Mann kehrte von einer Vortragsreise nach Amsterdam, Brüssel und Paris, die er im Februar 1933 gemeinsam mit seiner Frau Katia antrat, auf Drängen seiner Kinder Klaus und Erika nicht mehr nach Deutschland zurück.

Paris war auch für die Regisseure Robert Siodmak und Billy Wilder erster Exil-Ort, ehe sie weiter in die USA emigrierten. Die Schauspielerin Lilli Palmer und der Soziologe und Feuilletonist Siegfried Kracauer begannen ihr Exil ebenfalls in Paris. Nach dem »Anschluss« zog es viele österreichische KünstlerInnen, wie etwa Ödön von Horvath, in die französische Metropole.

Fünf Jahre vor dem »Anschluss« wurde Paris auch die erste Station der Emigration Kurt Weills, nachdem er am 22. März 1933 mit Hilfe von Caspar und Erika Neher Nazideutschland verlassen hatte.

Caspar Neher, wohl einer der bedeutendsten Bühnenbildner Deutschlands und Librettist, der viele Male mit Brecht und Weill zusammengearbeitet hatte, blieb im Gegensatz zu seinen engen Freunden in Deutschland. Nach dem Zweiten Weltkrieg nahm er die österreichische Staatsbürgerschaft an und arbeitete unter anderem für die Salzburger Festspiele.

Sprich leise, wenn du Liebe sagst

Als Weill und Lenya Deutschland verließen, waren sie vielleicht nicht mehr das umwerfend unkonventionelle Liebespaar, das sich neun Jahre zuvor kennen- und liebengelernt hatte, aber sie waren noch immer eines der berühmtesten Ehepaare Europas und zwei Menschen, die sich trotz zeitweiliger emotionaler Entfernung verbunden und vertraut geblieben waren.

Durch ihren Mentor Richard Révy traf Lotte Lenya nach einem ihrer frühen Berliner Auftritte Georg Kaiser, der sich für Lenyas Karriere, die nicht so recht in die Gänge kommen wollte, bald als große Hilfe herausstellen sollte.

Nachdem Lotte ersten Einladungen in das Haus der Kaiserschen Familie in Grünheide gefolgt war, erkannte der Dramatiker, in welch finanziell schwieriger Lage sich die junge Schauspielerin befand. Gemeinsam mit seiner Ehefrau Margarethe beschloss Kaiser, Lenya als Gesellschafterin und Haushaltshilfe zu sich zu nehmen.

Auch die Kinder, allen voran Anselm, Kaisers ältester Sohn, waren von der jungen Wienerin begeistert, spielte Lotte doch, wie es heißt, genauso gerne Fußball wie der Jugendliche. Es dauerte nicht lange, bis Lotte Teil der Kaiserschen Familie war, für Margarethe Kaiser soll sie so etwas wie eine jüngere Schwester gewesen sein.

Dort, in der Idylle vor den Toren Berlins, trafen Lenya und Weill an einem Sommersonntag des Jahres 1924 erstmals aufeinander. Georg Kaiser bat Lenya, die ihren Künstlernamen zu jener Zeit noch »Lenja« schrieb, den Komponisten am Bahnhof auf der anderen Seite des Peetzsees[111] abzuholen. Die beiden Männer waren zur Besprechung für ein gemeinsames Opernprojekt verabredet. Lenya wählte zur Abholung des Komponisten nicht den Weg durch den umliegenden Wald, sondern nahm eines der vorhandenen Ruderboote, um über den See zum Bahnhof zu gelangen.

Ohne zu wissen, wie Weill aussah, erkannte sie ihn sofort: Er war der einzige Mann am Bahnhof, der die zeittypische Kopfbedeckung eines Musikers, einen Hut mit schwarzer Krempe trug, wie ihr Kaiser vor ihrer Abfahrt über den See zugesichert hatte.

Es heißt, dass sich Kurt Weill und Lotte Lenya ineinander verliebt hatten, noch bevor sie auf der anderen Seite des Sees bei Kaisers »Villa Alexander« angekommen waren und Weill der Wiener Schauspielerin, während sie seine eben verloren gegangene Brille suchten, einen Antrag machte, noch ehe sie festen Boden unter den Füßen hatten.

Sie waren beide frei für die besondere Liebe, die sie einander geben konnten. Wenig später begann mit ersten verspielten Postkarten des Komponisten an die Schauspielerin der jahrzehntelange Briefwechsel zwischen Lotte und Kurt, der bis heute das wunderschöne Zeugnis einer großen, ganz besonders unkonventionellen Liebe ist.[112]

Der Weg ins Rampenlicht

Eine Mietskaserne in Wien-Penzing war das erste Zuhause von Karoline Wilhelmine Charlotte Blamauer, so der bürgerliche Name Lenyas, die am 18. Oktober 1898 als Tochter von Johanna Blamauer, geborene Teuschl, und des Fiakers Franz Blamauer in ärmlichsten Verhältnissen zur Welt gekommen war. Früh musste sich die kleine Karoline an die Misshandlungen ihres Vaters gewöhnen, die zum einen in seinem schweren Alkoholismus und auch im nie verwundenen frühen Tod der ersten Tochter Karoline, deren Namen die nachgeborene Schwester trug, begründet waren.

Der toten Schwester wurde in der Familie Blamauer eine übergroße Präsenz zugebilligt. Ging es bei der Verherrlichung des toten Kindes um ein Versprechen für ein besseres Leben? Schönheit und großes Talent kamen in Familien wie bei den Blamauers im Wien der Jahrhundertwende nicht häufig vor. Die nachgeborene

Karoline konnte in den Augen des Vaters, der sie regelmäßig zum Singen anhielt, niemals den Vorgaben der toten Schwester entsprechen. Weder in ihrem Gesangstalent noch mit ihrem Äußeren. Als Strafe für ihre offensichtlichen Unzulänglichkeiten gab es dementsprechende Misshandlungen durch den Vater.[113]

Die Freude am Singen und die Faszination an der darstellenden Kunst konnte ihr der trinkende Vater jedoch nicht mehr aus dem Leib prügeln. Zu tief war ihre Begeisterung für das Theater in ihr verankert, auch wenn sie keinen Zugang zum kulturellen Leben des kaiserlichen Wiens hatte. Ein kleiner Wanderzirkus, der in Karolines Penzinger Alltag zwar in großen Abständen, aber regelmäßig auftauchte, bestärkte ihre Sehnsucht nach einem Leben für die Kunst.

Später sagte Lenya von ihrer besonderen Stimme, sie läge »eine Oktave unter einer Kehlkopfentzündung«. Diese stimmliche Besonderheit zeichnete sie aus und war mit verantwortlich für ihre Weltkarriere.

Trotz ihrer vielen Talente musste die kleine Karoline ein Jahr vor Ende der Schulpflicht die Schule aufgeben und im Milchgeschäft einer Tante arbeiten. Lenya berichtete später freimütig davon, dass sie sich schon im Alter von elf Jahren als Prostituierte verdingte.[114]

Tatsächlich wäre dies für Wien in den letzten Jahren vor dem Ersten Weltkrieg und ein Mädchen aus der in großer Armut lebenden Schicht, der Lenya entstammte, alles andere als ungewöhnlich gewesen. Ob dieses Bekenntnis Lenyas allerdings völlig der Wahrheit entsprach und nicht nur zu ihrer eigenen Legendenbildung beitrug, sei dahingestellt.

Ihr beruflicher Weg auf die Berliner Bühnen führte Karoline Blamauer von Wien nach Zürich. Dort konnte sie als Schauspielerin und Tänzerin erste Engagements wie zum Beispiel am Zürcher Pfauentheater verbuchen. In der Schweiz traf die spätere

Lotte übrigens auf eine andere Wienerin, Elisabeth Bergner, die der Berliner Theaterstar der 1920er-Jahre werden sollte und die wie Lenya schon früh Nazideutschland den Rücken kehrte.

Alle Berichte, die kurz nach Ende des Ersten Weltkrieges aus der Theaterwelt Berlins in den anderen Hauptstädten zu hören waren, schienen Karoline unwiderstehlich. Im Herbst 1921 machte sie sich, die sich mittlerweile Lotte Blamauer nannte, gemeinsam mit der befreundeten Tänzerin Grete Edelmann auf den Weg nach Berlin.

Die beiden jungen Frauen waren zu jener Zeit bei weitem nicht die einzigen Künstlerinnen, die in das pulsierende, aufregende Berlin drängten. Es gab in der Spreemetropole vielmehr ein Überangebot an hoffnungsvollen Tänzerinnen, Schauspielerinnen und Sängerinnen. Um da herauszustechen, musste sich eine auf besondere Weise abheben. Das Zeug dazu hatte die 23-jährige Lotte mit ihrer ungewöhnlichen, herben Schönheit und der unverkennbaren, rauen Stimme.

Den Beginn ihrer Berliner Zeit finanzierte sich Lotte durch den Verkauf des Schmucks, den sie von ihrem wohlhabenden Liebhaber in der Schweiz geschenkt bekommen hatte. Dauerhafte Engagements ließen auf sich warten, vorerst waren ihr nur Aushilfsjobs beschieden.

Lottes Mentor Richard Révy, der sie bereits in der Schweiz unter seine Fittiche genommen und ihr dort Privatunterricht erteilt hatte, versuchte Lotte bei ihrer anfänglich mehr als holprigen Berliner Karriere beizustehen. Er erkannte ihr Potenzial und versprach sich große Erfolge für die junge Frau aus Wien, die so ganz anders war als alle anderen jungen Frauen zu jener Zeit in Berlin.

Im Oktober 1922 sprach Lenya am Berliner Theater am Kurfürstendamm für die Kinder-Pantomime *Zaubernacht* vor. Als sie unter vielen anderen Tänzerinnen endlich an der Reihe war und nicht auf ihren neuen Künstlernamen »Lenja« reagierte, klang ihr aus dem dunklen Orchestergraben eine Stimme entgegen: »Was soll ich denn für Sie spielen, Fräulein Lenja?«

Sie bat den in der Dunkelheit unsichtbaren Kurt Weill, der die Musik für die Kinderpantomime geschrieben hatte, um »An der schönen blauen Donau«. Ihr Tanz beeindruckte, doch die Rolle bekam eine andere.[115] Weill, der Komponist aus dem dunklen Orchestergraben, gestand Lenya bei ihrer ersten gemeinsamen Bootsfahrt über den Peetzsee, dass er sich bei jener Begegnung zwei Jahre zuvor in ihre so außergewöhnliche Stimme verliebt hatte.

Dieser emotional freimütige, durchaus stürmische und dabei hochgebildete Kurt Weill war am 2. März 1900 als dritter Sohn von Emma, geborene Ackermann, und Albert Weill in Dessau zur Welt gekommen, und damit zwei Jahre jünger als die gebürtige Wienerin Lenya.

Die fromme Familie Weill konnte auf eine dokumentierte Geschichte bis ins 14. Jahrhundert verweisen, als einer ihrer rabbinischen Vorfahren den Namen Weill von einem am Rhein gelegenen Dorf im südlichen Baden übernommen hatte. Kurts Vater arbeitete sich von der Position des Zweiten Kantors zum Kantor der jüdischen Gemeinde Dessaus vor,[116] Mutter Emma sorgte für die literarische Bildung ihrer Kinder: Tochter Ruth und der drei Söhne Nathan, Hans und dem sensiblen Kurt, dessen frühe musikalische Förderung auf äußerst fruchtbaren Boden fiel.

Kurts erste Kompositionsversuche fielen in seine Kindheit und Jugend, und auch sein Klavierspiel machte schon früh eine beachtliche Entwicklung. So war es auch nicht weiter verwunderlich, dass der jugendliche Weill mit seinem exzeptionell musikalischen Talent als Pianist mit eigenen Kompositionen bei Liederabenden in Dessau auftrat.

Tatsächlich fand der Vielversprechende die unterschiedlichsten Unterstützer, noch ehe er in Berlin an der Preußischen Akademie der Künste zu studieren begann und dort von 1921 bis 1923 Meisterschüler von Ferruccio Busoni sein durfte. So erhielt Weill in seiner Heimatstadt Dessau Unterricht bei Albert Bing, dem Kapellmeister am Dessauer Opernhaus. Bing, der selbst bei Hans Pfitzner studiert hatte, unterwies den jungen Weill in Musiktheorie, Kontrapunkt- und Kompositionslehre und ermöglichte ihm, regelmäßig am Dessauer Opernhaus als Korrepetitor zu arbeiten.

Erste Erfahrungen, die Weill in seiner weiteren Karriere hilfreich waren. Bing eröffnete dem jungen Talent aber nicht nur eine Erweiterung seines Wissens, er zeigte ihm durch sein weltoffenes

Kurt Weill

Wesen eine Art zu leben vor, wie sie dem jungen Weill aus seiner hochgebildeten, aber streng gläubigen Familie nicht bekannt war.[117]

Schon bald sollte sich zeigen, wie wenig sich Weill in seiner Karriere in bestimmte musikalische Schubladen drängen ließ. Gleichzeitig war er sehr an politischen Texten und dem gegenwärtigen Zeitgeist mitsamt der Kritik an den politisch Verantwortlichen interessiert.

Kein Komponist vor ihm zelebrierte ein ähnliches Engagement für Politik gepaart mit Weltoffenheit, die ihn etwa mit Georg Kaiser, Bertolt Brecht oder Lion Feuchtwanger, Franz Werfel oder Ira Gershwin höchst erfolgreich zusammenarbeiten ließ.[118]

Dass sich Weill in seiner Karriere nicht nur einer Musikrichtung verschrieb, nahmen ihm viele Kritiker übel. Dabei gehörte er mit Leib und Seele der Musik.

Es dauerte nicht lange, bis Lenya und Weill, die aus unterschiedlicheren Welten nicht stammen konnten, in einer kleinen Bleibe in Berlin zusammenwohnten. Lotte gewöhnte es sich aber nicht mit einem Mal ab, immer wieder bei Kaisers in Grünheide zu sein. Ihre Abwesenheit in der gemeinsamen Wohnung erklärte Lenya mit Weills starkem Fokus auf seine Arbeit. Wenn er komponierte, war er ausschließlich auf seine Arbeit konzentriert, so sehr, dass für sein »Linntschkerl«[119] kaum bis gar kein Platz blieb.

Verstrickungen der Herzen

Am 28. Januar 1926, knappe eineinhalb Jahre nach ihrem Kennenlernen, heirateten die beiden völlig formlos in Berlin. Weills fromme Eltern wurden nicht zur Hochzeit eingeladen, waren sie doch wenig von der nichtjüdischen Verlobten ihres Sohnes angetan, und auch Lottes Familie aus Wien war nicht anwesend. Als sich die beiden Liebenden das Ja-Wort gaben, gab es keine große Hochzeitsgemeinde. Neben dem Brautpaar waren lediglich zwei

Trauzeuginnen anwesend – Zufallsbekanntschaften Lenyas aus
dem Theater.[120]

Die Ehe von Lenya und Weill war nicht nur durch tiefste Zuneigung und gemeinsame Arbeit geprägt, sondern auch durch
außereheliche Affären, die beide pflegten. Dabei war aber Lenya
diejenige, die weitaus häufigere Liebschaften unterhielt als ihr
Ehemann. Weill »betrog« Lenya vor allem mit der Musik. Nichts
und niemand erhielt von ihm so viel Aufmerksamkeit wie seine
Arbeit.

Bemerkenswert an der Beziehung scheint bis heute die unkonventionelle Verbundenheit der beiden trotz aller weiteren

Lotte Lenya als Seeräuber Jenny in der Verfilmung der »Dreigroschenoper« (1928).

Herzensverstrickungen, die auch über die markante Entfremdung der beiden im Jahr 1932 hinaus erhalten geblieben war. Es scheint, als konnten die heftigen anderen Liebesbeziehungen diese eine Liebe und Vertrautheit der beiden nicht zerstören.

Just im siebten Ehejahr der Weills gewannen zwei andere Menschen, mehr als alle ihrer sonstigen Liebschaften, für die Eheleute an Bedeutung. Kurt hatte sich mit Erika Neher, der Ehefrau seines guten Freundes Caspar, in eine leidenschaftliche Liebesbeziehung gestürzt.

Caspar, der für Weills 1932 uraufgeführte Oper *Die Bürgschaft* das Libretto geschrieben hatte, gestand sich unterdessen seine lang verdrängte Homosexualität ein. Es gab also für das Paar Kurt und Erika keine Hürden durch eifersüchtige Partner zu bezwingen.

Lenya erfuhr von Kurts neuer Liebesbeziehung zu Erika, als sie von monatelangen Dreharbeiten mit Erwin Piscator aus Odessa nach Berlin zurückgekehrt war. Sie selbst war aber bereits seit April 1932 wegen ihrem Engagement als Jenny in *Aufstieg und Fall der Stadt Mahagonny* am Wiener Raimundtheater kaum noch in Berlin anzutreffen und unterhielt in ihrer Heimatstadt eine Liebesbeziehung mit dem gutaussehenden, aber nur mittelmäßig begabten österreichischen Tenor Otto Pasetti, der an ihrer Seite im Raimundtheater zu sehen war. Lenya genoss ihre neue Liebe ganz und gar und scheint in dieser Zeit vor allem die Rolle der Sorglosen gegeben zu haben. Weill hingegen litt unter der zunehmenden Popularität der Nationalsozialisten und hoffte darauf, dass seine Ehefrau zu ihm zurückkehren würde. Lotte blieb jedoch in Wien bei Pasetti und schlug Weill bereits im Sommer 1932 die Scheidung vor.

Der Komponist willigte ein, man ließ Rechtsanwälte die Scheidungsformalitäten übernehmen.[121] Von schweren Depressionen gezeichnet, ließ Weill seine Noch-Ehefrau nicht wissen, wie es um ihn stand. Stattdessen schrieb der Komponist seiner Geliebten Erika Neher, was ihn bedrückte. Lotte Lenya war frisch verliebt, ahnte aber wohl von Weills Hilfsbedürftigkeit.[122] Nach seinem Tod schien sie gerade dieser Moment in ihrer Beziehung, als sie ihn im Stich gelassen hatte, nicht loszulassen.

Dass der Trennung von Weill und Lenya eine wichtige Rolle im Zusammenhang mit der Flucht Weills und seinem Vermögen in Deutschland zukommen sollte, war zu dem Zeitpunkt, als die beiden ihre Scheidung einreichten, alles andere als klar.

Das Ehepaar Weill und Lenya begegnete sich, so wie in ihrem eindrücklichen Briefwechsel nachzulesen ist, weiterhin höchst freundschaftlich. Koketterien fehlten, und vielleicht ließen sie sich die eine oder andere Spitze gegen die neuen PartnerInnen nicht nehmen. Dennoch zeugen ihre Briefe von einer tiefen Zuneigung, die ihnen trotz aller Entfremdung geblieben war.

Weill und Lenya standen sich weiter bei und tauschten Ratschläge, auch bezüglich der neuen PartnerInnen, aus. Die Liebe zwischen den beiden widerstand zwar nicht allen Eifersüchteleien, übertraf sie aber gleichzeitig. Vielleicht lag die Einzigartigkeit dieser Liebe darin, dass weder Lenya noch Weill daran interessiert waren, dem jeweils anderen zu schaden, und es nicht darum ging, durch das Verletzen des Anderen die eigenen Egos zu befriedigen.

Die »Silbersee«-Affäre und die Flucht

Am 18. Februar 1933 feierte das Wintermärchen *Silbersee* von Georg Kaiser und Kurt Weill in Leipzig, Erfurt und Magdeburg seine Uraufführung.

Während es in Erfurt und Leipzig, wohin Lenya gereist war, um Weill, von dem sie mittlerweile getrennt lebte, bei der Premiere zu unterstützen, bei den Premieren dieses Hybrids aus

Oper und Theaterstücks ruhig geblieben war, kam es bei der Aufführung in Magdeburg zu tumultartigen Störaktionen von Nazi-Schlägertrupps.[123]

Der begeisterte Zuspruch der Medien, die sich noch nicht im vorauseilenden Gehorsam der Meinung des Regimes angepasst hatten, stand der Kritik des NS-Feuilletons gegenüber. Die Produktion, die unter der Regie des Leipziger Theaterdirektors und Regisseurs Detlef Sierck ein Spiegelbild für die politische Lage in Deutschland war, wurde nicht nur in der Luft zerrissen, sondern verhöhnt, zudem war Weill antisemitischer Hetze ausgesetzt.[124]

Nur wenige Wochen nach der Ernennung Hitlers zum Reichskanzler demonstrierte das Regime bei den Kritiken an *Silbersee* also, wie mediale Hetze gegen Juden und politisch Andersdenkende funktionierte. Darüber hinaus wurden persönliche Drohungen gegenüber Detlef Sierck[125] ausgesprochen, sollte das Stück nicht rasch vom Spielplan genommen werden.[126]

Ob sich einer jener Komponisten, die von den Nazis respektiert und hofiert wurden, für Weill verwendete, ist nicht bekannt. All jene, mit ihm gearbeitet hatten, wurden entweder selbst verfolgt oder hatten nicht die notwendigen Verbindungen, wie z.B. sein Freund Caspar Neher, um etwas für Weill zu tun.

Die freie Kunst in Deutschland war zu Boden gerungen. Die 1933 noch auftretenden jüdischen KünstlerInnen wurden von den deutschen Bühnen gebuht, Konzerte mit »undeutschen« Programmen wurden gestört. Am 4. März 1933 wurde Weills *Silbersee* endgültig abgesetzt. 18 Tage später verließ Weill Deutschland, ohne Lenya an seiner Seite. Die Entscheidung zur Flucht fiel nicht kurzfristig und überhastet, zu lange schon bereitete dem Komponisten die steigende Popularität der Nationalsozialisten permanentes Unbehagen. Dass er Deutschland verlassen würde, war dabei klar. Wie rasch es dann letztlich geschah, wie auch bei vielen anderen jüdischen KünstlerInnen, mag ob der obsessiven Verfolgung durch die Nationalsozialisten aus heutiger Sicht wenig überraschen.

Der Autor Hans Fallada, mit dem Weill ein Filmprojekt für die Ufa umsetzen sollte, wurde im März 1933 nach einer Denunziation wegen vermeintlich staatsfeindlichen Gesprächen verhaftet.[127] Über einen Mittelsmann ließ Fallada Weill wissen, dass dieser in höchster Gefahr schwebte und Berlin auf der Stelle verlassen musste.

Unter den Linken bestand jedoch immer noch Hoffnung, dass die NSDAP bei den Reichstagswahlen vom 5. März 1933 eine massive Schlappe erleben sollte. Dementsprechend ließ Fallada Weill ausrichten, er solle die anstehenden Wahlergebnisse in München abwarten, wo viele andere, die eine Flucht in Erwägung zogen, auf den Wahlausgang warteten.[128]

Nach München fuhr Weill nach Falladas einprägsamer Warnung gemeinsam mit Lenya. Nach den niederschmetternden Wahlergebnissen brach Lotte nach Wien auf, um, wie sie sich später erinnerte, sich von ihrer Mutter und ihrer Schwester zu verabschieden, ehe sie selbst ins Exil gehen wollte.

Auch wenn die Scheidungsvorbereitungen liefen – Lottes bürgerlicher Name lautete noch immer Karoline Weill, das wussten auch die Nationalsozialisten. Darüber hinaus konnte sie mit anderen politischen GegnerInnen des nationalsozialistischen Deutschlands, wie Bertolt Brecht etwa, unschwer in Zusammenhang gebracht werden. Die Tatsache, dass Lenya keine Jüdin war, hatte bei ihren Überlegungen ins Ausland zu gehen kaum Bedeutung, galt sie doch, abgesehen von ihrer Ehe mit Kurt Weill, nicht zuletzt durch ihre eigene künstlerische Arbeit als Teil des von den Nazis bekämpften »Kulturbolschewismus«, also progressiv und linksgerichtet. Die Wiener Fiakertochter war der zu Fleisch gewordene Gegenentwurf zur idealen deutschen Frau, wie sich die Nazis diese vorstellten und propagierten: unabhängig, promiskuitiv, kinderlos und laut.

Während Lenya nach Wien fuhr, reiste Weill noch einmal nach Berlin, um wichtige Unterlagen in Sicherheit zu bringen, ehe er von Freund Caspar und seiner Geliebten Erika am 22. März 1933 über die französische Grenze gebracht wurde. Für Lenya schien Weill in diesen Tagen mit Deutschland abgeschlossen zu haben, wie sie sich in einem Interview mit Gottfried Wagner im Jahr 1978 erinnerte: »Danach sprach er nie mehr über Deutschland, und nie wollte er dorthin zurück. Nicht einmal für einen Tag.«[129]

Wie genau Weills letzte Berliner Tage verliefen, ob sie glimpflich vorübergingen oder ob er Gewalt durch die SA ausgesetzt war, besprachen die beiden weder während den folgenden freundschaftlichen Jahren im französischen Exil, noch nach ihrer erneuten Hochzeit oder während der gemeinsamen Jahre in den USA.

Lenya schrieb in den frühen 1950er-Jahren, kurz nach Weills Tod, einen Brief an Caspar Neher, um alle Details über diese letzten Tage in Berlin, die Weill ihr gegenüber unter Verschluss gehalten hatte, zu erfragen.[130] Vielleicht konnte Neher die eine oder andere Antwort auf ihre vielen Fragen geben – die Frage, wie sich Weill gefühlt haben mag in seinem vertrauten Berlin, das mit einem Mal so feindselig gestimmt war, hätte ihr der gute Freund nicht sagen können, sondern nur Weill selbst. Bedenkt man Lenyas Schuldgefühle nach Weills Tod aufgrund ihrer vielmaligen Untreue gegenüber ihrem »Weillchen«, wie sie ihn in ihren Briefen unter anderem zärtlich nannte, so mag auch dieses verspätete briefliche Nachfragen bei Neher aus diesem Gefühl heraus, nicht für ihn da gewesen zu sein, als er sie gebraucht hatte, entstanden sein.

Betrogen

Am 18. September 1933 war die Scheidung zwischen Lenya und Weill rechtskräftig.[131] Die immer wieder auftauchenden Gerüchte, die Scheidung wäre nur wegen einer Vermeidung der Reichsfluchtsteuer inszeniert über die Bühne gegangen, entsprechen nicht den Tatsachen. Vielmehr traf es sich äußerst gelegen, dass die Scheidung der Weills gerade in jene Zeit fiel, in der es auch darum ging, etwaige Vermögenswerte ins Ausland zu transferieren.

Unter den von den Nationalsozialisten eingehobenen Vermögenssteuern ist bis heute wohl die sogenannte »Reichsfluchtsteuer« am bekanntesten, die allerdings keine Erfindung des NS-Regimes war, sondern erstmals am 8. Dezember 1931 eingehoben wurde und auswanderungswillige Deutsche mit einem Vermögen von mehr als 200.000 Reichsmark betraf. Man wollte mit dieser Steuer verhindern, dass zu viele wohlhabende ReichsbürgerInnen Deutschland verlassen würden. 1934 wurde diese Steuer modifiziert. Von nun an betraf sie deutsche Juden und Jüdinnen, die in die Emigration gingen. Der Staat verdiente daran, dass er eine Bevölkerungsgruppe vertrieb. Eine der vielen perfiden Formen des NS-Regimes: Verfolgte für ihre Verfolgung bezahlen zu lassen.

Mit der »Reichsfluchtsteuer« wurde jeweils ein Viertel des gesamten steuerpflichtigen Vermögens eingehoben. Auf diese Weise erhielt das nationalsozialistische Deutschland von 1933 bis 1940 zusätzlich 900 Millionen Reichsmark an Steuereinnahmen.[132]

Lenya, die mittlerweile mit Pasetti zusammenlebte, gelang es im Herbst 1933, den Verkauf des Hauses ihres Exmannes in Kleinmachnow abzuwickeln und die bewegliche Habe, die Weill in Berlin zurücklassen musste, auf die er aber nicht verzichten wollte, in codierter Absprache mit ihm außer Landes zu bringen. Wie seinen Flügel, eine Kiste voller Kritiken[133] und seinen geliebten Schäferhund Harras, mit dem er bald wieder lange Spaziergänge in Louveciennes, westlich von Paris gelegen, unternehmen konnte.[134]

Weills Hund ging offiziell in den Besitz Erika Nehers über, anders wäre das Tier nicht aus Deutschland herauszubekommen gewesen.[135]

Neben dicken Packen von Geldscheinen, die Lotte in Handschuhen versteckt aus Deutschland herausschmuggelte, um sie gemeinsam mit Otto Pasetti in den Kasinos an der Riviera beim Poker durchzubringen, gelang es ihr, ihren Exmann darum zu bitten, Pasetti neben ihr auch in der Brecht/Weill-Produktion *Die sieben Todsünden* im Théâtre des Champs-Élysées im Juni 1933 auf die Bühne zu bringen.[136]

Weill unterstützte seine Exfrau und Pasetti, den er in seinen Briefen stets mit Grüßen bedachte, weiterhin finanziell, auch wenn seine eigenen Einkünfte spärlicher geworden waren. Nachdem die »todsicheren« verschiedensten Systeme von Lenya und Pasetti in den Spielsalons in Monte Carlos und Co. aber nicht funktionierten, verkniff sich der beständig großzügige Weill allerdings nicht, Lenya und Pasetti doch Arbeit als Möglichkeit vorzuschlagen, um an Geld zu kommen.[137] Pasetti versprach derweil, sich gemeinsam mit seinem Vater, der ein einflussreicher General gewesen war, um die Ansprüche Weills auf sein in Deutschland verbliebenes Vermögen zu kümmern.

Noch ehe sich herausstellte, dass die vermeintlichen Versuche Pasettis, seiner Geliebten und deren Ex-Ehemann zu helfen, nichts anderes als eine Farce waren und eine Veruntreuung des Weillschen Vermögens der wahre Grund für die vorgegebenen Verzögerungen war, vergingen Monate.

Im August 1934 warnte Weill seine Exfrau, die er mit »Mein liebes Linnerl« im Brief ansprach, vor Pasetti: »*Ich glaube ihm ungefähr ein Viertel von allem was er erzählt hat, u. halte ihn nach wie vor für einen Schwindler, der zu allem fähig ist. Also laß dich auf nichts mehr ein, hörst du?*«[138] Wieso aber hatten sie sich überhaupt auf ihn eingelassen? Es muss ihre Gutgläubigkeit und gleichzeitige Not, das Vermögen

Weills außer Landes zu schaffen gewesen sein, die Pasetti für sich zu nutzen wusste. Dazu kam noch seine Beziehung mit Lotte, die nicht einfach nur ein flüchtiges Verhältnis, sondern eine ernsthafte Beziehung war, jedenfalls bis ins Jahr 1934.

Obwohl die Briefe zwischen Kurt und Lotte nach der Veruntreuung Pasettis wieder zärtlicher wurden, verzögerte sich eine endgültige Annäherung zwischen Lotte und Kurt: Andere Affären, wie Lottes Zürcher Liaison mit dem Maler Max Ernst nahmen während des französischen Exils und den verschiedensten Arbeitsprojekten von Lenya und Weill, wie in London oder Salzburg, noch immer Raum ein.

Otto Pasetti emigrierte 1940 in die USA und begann sich dort nach seiner Internierung als »enemy alien« zu engagieren und diente ab 1942 freiwillig in der kalifornischen National Guard.[139] 1944 arbeitete er für die Psychological Warfare Branch und das OSS, den Auslandsgeheimdienst der USA, und kehrte mit den amerikanischen Alliierten nach Österreich zurück, um für sie vor allem in Salzburg und Wien kulturpolitisch tätig zu sein.[140]

»Land of the Free«

Am 10. September 1935, fünf Tage vor Erlass der »Nürnberger Gesetze«, kamen Kurt Weill und Lotte Lenya an Bord der »Majestic« in New York an. Im Sommer des gleichen Jahres gelang Kurts Eltern Emma und Albert die Flucht ins britische Mandatsgebiet Palästina.[141]

Dass Weill seine geliebte Exfrau mit sich nahm, traf bei vielen seiner Freunde auf Unverständnis. Es war kein Geheimnis, dass sie ihn regelmäßig betrog. Er konnte, ja wollte nicht anders. »Auf großzügige Weise blieben sie unzertrennlich«, wie Jens Rosteck in seiner Lenya-Weill-Doppelbiografie die Beziehung der beiden schön beschrieb.[142]

In den USA auf sein »Rehbeinchen« zu verzichten, wäre für ihn einer Unmöglichkeit gleichgekommen. Der säkular lebende Weill bemühte religiöse Erklärungen, um die in seinem Freundeskreis kritisierte Entscheidung zu rechtfertigen: Ein jüdischer Mann muss seiner Frau immer verzeihen, so der ungläubige Weill zu seinen besorgten Freunden.[143]

Die Freude, endlich in den USA zu sein, ließ Weill und Lenya, nachdem sie ihr Gepäck im Hotel abgegeben hatten, ungeduldig auf den Broadway laufen und gleich ins Kino gehen, so erinnerte sich Lenya später.[144] Man war angekommen und in Sicherheit. Endlich.

Kurt Weill wurde mit offenen Armen empfangen, es schien fast so, als hätten die USA auf Weill lange schon gewartet. Im November 1936 wurde sein erstes amerikanisches Musical *Johnny Johnson* unter großem Beifall am Broadway uraufgeführt. Max Reinhardt hatte Weill noch in Europa dazu gebracht, die Musik für das monumentale Bibeldrama *Eternal Road* zu schreiben, für das Franz Werfel das Libretto verfasst hatte.

Im Januar 1937 feierte das Stück seine Premiere in den USA und wurde sowohl vom Publikum als auch von der Kritik äußerst positiv aufgenommen. Zwölf Tage später heirateten die geschiedenen Weills ein zweites Mal.

In einem Interview mit Gottfried Wagner aus dem Jahr 1978 erinnerte sich Lenya: »Bevor wir hier in den USA ein zweites Mal heirateten, fragte ich ihn: ›Kurt, hast du je daran gezweifelt, daß wir wieder zusammenkommen?‹ ›Nein, nie.‹ Er sagte das so ruhig. ›Nein, daran hab ich niemals gezweifelt.‹ Es war nicht immer eine leichte Ehe, doch sie war grundsätzlich einfach richtig.«[145]

Während Weills Karriere in den USA von Beginn an anspruchsvoll und höchst erfolgreich war, teilte Lenya in ihren ersten amerikanischen Jahren das Schicksal vieler emigrierter SchauspielerInnen.

Lenya war die große Unbekannte neben ihrem mit Vorschusslor-
beeren bedachten Komponisten-Ehemann.

Neben der fehlenden Publicity Lenyas war ihr mit starkem deutschen Akzent versehenes Englisch wohl das größte Hindernis für
sie, um anspruchsvolle Rollen auf guten Bühnen zu bekommen.

Sie hatte jedoch im Gegensatz zur Mehrheit der EmigrantInnen
das Glück, nicht auf Wohltätigkeitsvereine angewiesen zu sein,
sondern einen erfolgreichen Ehemann an ihrer Seite zu wissen,

Lotte Lenya und Kurt Weill in den USA, 1942.

dessen Musical *One Touch of Venus* aus dem Jahr 1943 ein Kassen-
schlager am Broadway werden sollte. Im August des gleichen
Jahres wurde Kurt Weill in den USA eingebürgert. Lotte erhielt die
US-amerikanische Staatsbürgerschaft im Mai 1944.[146]

Eine Rückkehr nach Deutschland stand für Weill außer Frage.
Mit der neuen Staatszugehörigkeit schien sich für ihn auch eine
neue Möglichkeit politischer Arbeit aufzutun, die er kurzfristig
im Militär sah, nicht unähnlich seinem jugendlichen Wollen zur
Zeit des Ersten Weltkrieges. Lotte hielt Weill erfolgreich davon ab,
sich für die US Army freiwillig zu melden. So blieb seine Möglichkeit, sich politisch zu agieren und gegen das in Europa und auf der
Welt stattfindende Unrecht aufzutreten, die Musik.

1943 wusste man in den USA von etwa zwei Millionen toten Juden. Dass in der Shoa sechs Millionen Juden sterben mussten, war
unvorstellbar.

Weills Reaktion auf sein eigenes Glück in Sicherheit zu sein und
gleichzeitig das unfassbar große Unglück der Welt zu sehen, fand
in seinen Kompositionen für Anti-Nazi-Filme, die in Hollywood
produziert wurden, wie z.B. *Where Do We Go From Here,* und die gemeinsame Arbeit mit Jean Renoir an Propagandafilmen für das
befreite Frankreich, ihren Niederschlag.

An seiner Seite stets Lotte, wie bei dem von Ernst Josef Aufricht
organisierten Protestkonzert am 3. April 1943 im Hunter College,
New York, unter dem Titel *We Fight Back.* Lotte sang, am Klavier
von Kurt begleitet das Lied »Und was bekam des Soldaten Weib?«,
dessen Text von Bertolt Brecht stammte.[147]

Dieses Konzert, an dem zahlreiche prominente EmigrantInnen
aus Deutschland teilnahmen und damit gegen das verbreche-
rische Regime Hitlers auftraten, erregte großes Aufsehen in der
amerikanischen Öffentlichkeit.

Für Kurt war es, auch in seinem patriotischen Selbstverständnis
als Bürger der USA eine Pflicht, sich durch seine Arbeit politisch

zu äußern. Dies tat er auch durch Konzerte – z.B. das *Fun To Be Free* im Oktober 1941, die im Madison Square von Weill gemeinsam mit Ben Hecht erdacht worden waren.[148]

Weill vertonte für das »Office of War Information« Walter Mehrings »Wie lange noch« und schrieb Propagandalieder wie das »Schickelgruber Lied«.

Der Konflikt mit Bertolt Brecht, der sich ebenfalls im amerikanischen Exil befand, nahm derweil jedoch kein rasches Ende. Brecht versuchte durch Theodor W. Adorno wieder mit Weill in Kontakt zu kommen. Dieser war jedoch nicht darauf erpicht, mit den beiden zu reden. Weill machte seinem Unmut über Brecht und »diesen Wiesengrund« in Briefen an Lenya Luft.[149]

Und was bekam Lotte, das »Weib« des Komponisten, die sich in den Kriegsjahren als Späherin in den »watchtower duties« engagierte?[150] Noch sieben Jahre an der Seite Kurts, die voll mit Arbeit und Liebe waren, bis er knapp 50-jährig den Folgen zweier knapp aufeinander folgenden Herzinfarkte am 3. April 1950 erlag. 31 Jahre sollte sie noch ohne »Knutchen« leben. Ohne ihr »Honeychild« sollte sie ihre Zweifel am eigenen Können überwinden, Filmgeschichte als Bösewichtin Rosa Klebb in *Liebesgrüße aus Moskau* schreiben, für einen »Academy Award« nominiert werden und dessen Theaterpendant, einen »Tony«, für ihre Darstellung der Jenny in Mark Blitzsteins englischer Version der *Dreigroschenoper* gewinnen. »Ameisenpflanze«, wie Weill Lotte in seinen Briefen auch nannte, wurde die strenge Hüterin seines musikalischen Nachlasses und die Gründerin der »Kurt Weill Foundation for Music«. Fünf Jahre nach seinem Tod reiste sie erstmals wieder nach Deutschland.

Ganz zurückzukehren und wieder in Europa zu leben stand für sie aber wie für Weill zeitlebens außer Frage. Zahlreiche Auftritte Lenyas in Europa folgten dennoch. Sie wohnte weiterhin in Brook

House, dem Haus, in dem sie mit Weill seit 1941 in New City im Staate New York gelebt hatte und heiratete nach dem Tod Weills noch drei Mal, blieb dabei Kurt aber treuer als zu seinen Lebzeiten.

Ihr intensiv promiskuitives Wesen schien Lenya mit dem Tod Kurt Weills abgelegt zu haben: In ihren weiteren Ehen gab es keinerlei Affären. Lottes Ehemänner nach Weill, George Davis, Russell Dettwiller und Richard Siemanowski waren allesamt homosexuell und wie Lottes Vater alkoholkrank.[151]

George Davis, ihr zweiter Mann, brachte Lenya übrigens wieder dazu, auf die Bühne und vor die Kamera zurückzukehren und nicht mehr nur das Witwendasein zu pflegen.[152] Kurt, der ihr um so viele Jahre vorausgegangen war, blieb ihr dabei stets präsent, bis Lotte kurz nach ihrem 83. Geburtstag einem Krebsleiden erlag. Begraben liegt das »Seelchen« aus Penzing neben seinem Dessauer »Schnubchen« am Mount Repose Cementery in Haverstraw, New York. Trotz der weiteren Ehen Lottes: Ein anderer Ort als der neben Kurt wäre auf der Welt nicht möglich gewesen.

Meta Wolff und Joachim Gottschalk, Anfang der 1930er-Jahre.

»DU WEISST, WIR SIND GLÜCKLICH«[153]

Meta Wolff und Joachim Gottschalk

Von Propagandaminister Goebbels selbst erging im November 1941 die Weisung an Ufa-SchauspielerInnen, der Beerdigung von Joachim, Meta und Michael Gottschalk im brandenburgischen Stahnsdorf vor den Toren Berlins fernzubleiben. Viele der Stars hielten sich daran. Viele, aber nicht alle.

Die engsten Freunde der Gottschalks, die allesamt in der deutschen Öffentlichkeit keine Unbekannten waren, verzichteten nicht darauf, dem Freund und dessen Liebsten die letzte Ehre zu erweisen.

Gestapo-Leute, die am Friedhof anwesend waren, fotografierten die kleine Trauergemeinde, zu der Brigitte Horney, Gustav Knuth, Hans Brausewetter, Kurt Meisel und Ruth Hellberg ebenso gehörten wie René Deltgen, Elisabeth Lennartz, Werner Hinz und Wolfgang Liebeneiner. Auch die Tatsache, dass der »Arier« Gottschalk mit seiner jüdischen Ehefrau und dem kleinen »Mischling ersten Grades« in einem gemeinsamen Grab beigesetzt wurde, entging der anwesenden Gestapo nicht.

Die Freunde, darunter vor allem Gustav Knuth, hatten die Ausnahme von dem gemeinsamen Bestattungsverbot mit großem Engagement erwirkt und die Verantwortung dafür getragen.

Knuth war es eine Genugtuung, dass die Gestapo die kleine Trauergemeinde fotografierte.[154]

Neben den Freunden hatten sich auch Joachim Gottschalks Mut-
ter Anna, seine Schwester Margarethe und die drei Brüder Otto,
Fritz und Siegfried am Friedhof eingefunden. Otto erwies seinem
Bruder, dessen jüdischer Frau Meta und dem gemeinsamen Sohn
Michael in seiner SS-Uniform die letzte Ehre. Diese familiäre
Geste kostete Otto die Karriere. Schon tags darauf wurde er, der
SS-Obersturmbandführer und von November 1940 bis März 1941
Kommandant des Warschauer Gefängnisses Pawiak gewesen war,
aus der Partei ausgeschlossen.[155]

Für die anwesenden Ufa-Stars gab es trotz Goebbels' Weisung keinerlei erwartete Konsequenzen, wie der Schauspieler Kurt Meisel
in der ZDF-Dokumentation *Verschwundene Lieblinge* betonte. Für
ihn, Meisel, war die Tatsache, dass mit Otto Gottschalk »ein SS-
Offizier immerhin vor dem Sarg einer Jüdin steht, der Irrsinn dieser damaligen Zeit.«[156]

Brigitte Horney und Gustav Knuth gehörten, auch nachdem
sie an der Beerdigung teilgenommen hatten, weiterhin zu den
vielbeschäftigten Stars der Industrie und wurden vom obersten
Filmherren, Propagandaminister Goebbels, keineswegs fallen
gelassen. Für die SchauspielerInnen selbst änderte der Tod der
Gottschalks allerdings einiges:

Horney, eine der engsten Freundinnen und mehrfache Filmpartnerin Joachim Gottschalks, die zuvor immer wieder an
den Empfängen Goebbels' teilgenommen hatte, verweigerte
diese nach dem Tod Gottschalks. »Nach dem Selbstmord der
Gottschalkfamilie im November 1941 war bei mir Schluß. Über
den Schock bin ich nie hinweggekommen«, so die Schauspielerin
in ihren Erinnerungen.[157]

Sie war, so schrieb der Autor Curt Riess, nicht die Einzige, die den Empfängen des Propagandaministers fortan fernblieb. Für den Empfang nach dem Bekanntwerden des Gottschalkschen Selbstmords erhielt der Minister unzählige Absagen. »Kein Schauspieler wünscht sich mit ihm an einen Tisch zu setzen. Sie alle wissen: Er ist ein Mörder.«[158]

Der Selbstmord der Gottschalks war in Berlin in den Kriegsjahren allerdings keine tragische Ausnahme. Rund 1600 Selbstmorde jüdischer BerlinerInnen zwischen 1938 und 1945 sind bekannt, die Dunkelziffer ist entsprechend höher. Die meisten dieser Toten wurden am Jüdischen Friedhof Berlin Weissensee zur letzten Ruhe gebettet.[159]

»Die etwas peinliche Nachricht«

Goebbels schien es mit der Weisung am Gottschalk-Begräbnis nicht teilzunehmen mehr um eine Art Einschüchterung als um mögliche Bestrafungen der ungehorsamen Filmschaffenden zu gehen, blieb sie doch ohne Konsequenzen.

Sollte sich der Propagandaminister dessen bewusst gewesen sein, dass der Suizid des Filmstars Gottschalk und dessen Frau Meta mit dem gemeinsamen Sohn einer Zäsur im Umgang mit den SchauspielerInnen gleichkam, so ahnte er, dass die so Erschütterten auf mögliche weitere Bestrafungen Einzelner öffentlich empfindlich reagieren würden. Dennoch, am 7. Novembers 1941, einen Tag nach dem Tod der Gottschalks, schrieb Goebbels in sein Tagebuch: »Am Abend kam noch die etwas peinliche Nachricht, daß der Schauspieler Gottschalk, der mit einer Jüdin verheiratet war, mit Frau und Kind Selbstmord begangen hat. Er hat offenbar keinen Ausweg mehr aus dem Konflikt zwischen Staat und Familie finden können. Ich sorge gleich dafür, daß dieser menschlich bedauerliche, sachlich fast unabwendbare Fall nicht zu einer alarmierenden Gerüchtebildung benutzt wird.«[160]

Dass diese »etwas peinliche Nachricht« einen handfesten Skandal um den Tod des beliebten Schauspielers heraufbeschwören konnte, der mit ganzen acht Filmen innerhalb von nur drei Jahren zu einem der großen Kinostars geworden war, verstand Goebbels. Seine eigene Mitverantwortlichkeit für den Suizid der Gottschalks sah der Propagandaminister, wie kaum anders zu erwarten, nicht.

Die drohenden Gerüchte mussten dringend unterbunden werden, darüber war sich Goebbels im Klaren, der gemeinsam mit der umfangreichen Unterstützung Hans Hinkels, der ab 1933 als Staatskommissar im preußischen Wissenschaftsministerium für besondere Aufgaben wie Überwachung und »Entjudung« zuständig und ab 1936 Geschäftsführer der Reichskulturkammer war,[161] schon länger Einfluss auf Gottschalks berufliches und privates Schicksal genommen hatte.

Man wollte, ja man musste, die bitteren Umstände verheimlichen, die »Deutschlands Leslie Howard«, wie der Schauspieler dank seiner romantischen Rollen von der deutschen Presse bezeichnet wurde, in den Tod getrieben worden war.

Wie hätte die deutsche Öffentlichkeit auf die Hintergründe des Todes ihres neuen Lieblings reagiert? Goebbels wollte es sich trotz aller funktionierenden Indoktrinierung nicht ausmalen.

Tatsächlich war es aber in Hitlers Deutschland keine Schwierigkeit, dem Regime unliebsame Neuigkeiten, wie eben der Tod der Gottschalks eine war, vor der breiten Öffentlichkeit geheim zu halten: Mit dem »Schriftleitergesetz« von Oktober 1933 war die deutsche Presse »gleichgeschaltet« und berichtete nur mehr im Sinne des braunen Regimes. Außerdem wollte kein noch in Deutschland arbeitender Journalist sein Leben für eine nicht konforme Nachricht aufs Spiel setzen.

So blieben Nachrichten wie eben jene über den Suizid der Gottschalks gegenüber der deutschen Bevölkerung unter Verschluss und kursierten nur in engsten Kreisen als Gerücht, erreichten aber damit bei weitem nicht die Öffentlichkeit, wie es eine Reaktion der Medien hätte bewerkstelligen können.

Lediglich die deutsche Filmbranche wusste Bescheid und öffnete dabei einigen Stars, wie etwa Brigitte Horney, durchaus die Augen, die bis dahin vor Verfolgungen der NS-Regimes von jüdischen Kolleginnen und Kollegen nicht zuletzt durch das massive Bevorzugen und bewusst eingesetzte Hofieren durch das Regime oftmals verschlossen geblieben waren.

Deportationen

Ein Monat vor dem Selbstmord der Gottschalks begannen in Berlin die Deportationen. Tausende Juden und Jüdinnen wurden ab Oktober 1941 in Züge nach den Osten gezwungen.

Mit September des gleichen Jahres mussten die in Nazideutschland verbliebenen Juden den Judenstern sichtbar an ihrer Kleidung befestigen.[162] Dieser Vorschrift nicht zu folgen und ohne den Schandfleck der Nazis angetroffen zu werden, wurde mit schwersten Strafen geahndet. Davon ausgenommen waren Juden und Jüdinnen in »privilegierten Mischehen«, wie es jene von Meta Wolff und Joachim Gottschalk gewesen war.

Metas Verwandte, die sich nicht in einer ähnlichen Schutzsituation befanden wie die Theaterschauspielerin, mussten sehr wohl den gelben Stern sichtbar auf ihrer Kleidung befestigt tragen und erhielten geringere Lebensmittelrationen als Meta, die am 13. August 1902 im saarländischen Dudweiler geboren und in Bochum als viertes von sieben Kindern der Eltern Moses und Friederike Wolff, geb. Hanau, aufgewachsen war.

Sie war diejenige, die das fortschreitende Unheil trotz aller alltäglichen Bevorteilungen deutlich heraufkommen sah und die für notwendige Konsequenzen bereit war, wie etwa die Scheidung von Joachim. Wie weit Gespräche der beiden über diese Option stattfanden, lässt sich nicht nachvollziehen. Es scheint aber der Quellenlage entsprechend, dass Meta weitaus klarer die bedrohlichen Umstände erkannte als ihr Ehemann. Vielleicht auch einfach nur, weil sie diejenige war, für die die Zustände am eigenen Leib lebensbedrohlich waren und sie keine Chance hatte, die massiven Veränderungen auch nur für einen Moment zu verdrängen.

Über Metas Kindheit ist wenig bekannt. Dass das Heranwachsen in der Wolffschen Familie harmonisch gewesen sein soll, heißt es. Der Vater Moses Wolff, Moritz genannt, übernahm nach dem Umzug nach Bochum das Fotogeschäft Frohwein, zu dem auch ein Fotoatelier gehörte. Beliebt in den vornehmsten Kreisen der Stadt, ermöglichte es der Familie Wolff ein gutes Auskommen. Metas Vater engagierte sich politisch: Er saß im Vorstand der

Meta Wolff

»Bochumer Friedensgesellschaft« und der »Liga für Menschen-rechte«. Die Aufmerksamkeit der Bochumer Nazis war ihm damit sicher.[163]

Ob es Meta Wolff schwerfiel, ihren Wunsch Schauspielerin zu werden gegenüber ihren Eltern durchzusetzen? Ehe Meta ans Theater ging und Schauspielerin wurde, war sie für zwei Jahre, von 1918 bis 1920, Schülerin an der »Lehr- und Versuchsanstalt für Photographie München«. Wie naheliegend diese Ausbildung doch war, ehe sie sich dem unsicheren Schauspielerinnen-Dasein zu-wandte, mit dem gutgehenden väterlichen Fotoatelier in Bochum im Rücken.[164]

Am Theater traf sie dann den zwei Jahre jüngeren Joachim Gottschalk. 1930 waren Wolff und Gottschalk in festen Engage-ments in Zwickau beschäftigt, wo aus den beiden bald ein Paar wurde. Im Jahr darauf, am 3. Mai 1931, wurde Hochzeit in Halber-stadt gefeiert, wo Meta am Theater engagiert war.

Wolff ließ sich ihrem Bräutigam zuliebe noch vor der Hochzeit evangelisch taufen. Als hätte dies etwas an dem Schicksal, das auf die beiden wartete, ändern können. Der gemeinsame Sohn Michael kam am 19. Februar 1933 zur Welt, nur Tage, nachdem Hitler von Hindenburg zum Reichskanzler ernannt worden war.

Meta Wolff gehörte noch im gleichen Jahr zu jenen Schauspieler-Innen, die aus »rassischen Gründen« kein Engagement mehr be-kamen, deren Verträge nicht verlängert wurden und die von einer Fortsetzung ihrer Arbeit auf einer deutschen Bühne nur träumen konnten.

Ein neuer Star am Theaterhimmel

Die Karriereplanung für ihren Ehemann, Joachim Gottschalk, sah indes völlig anders aus. Joachim, von Meta ›Jochen‹ genannt, der schon als Schüler am Cottbuser Gymnasium vom Theater geträumt hatte, musste für seine eigene Theaterkarriere vorerst

keinerlei Einschränkung fürchten. Er, der 1904 im brandenburgischen Städtchen Calau als fünftes Kind von Anna und Otto
Gottschalk, dem angesehenen Kreisarzt, geboren worden war,
spielte 1933 bereits an größeren Häusern und war mit der Festi-
gung seiner Karriere beschäftigt, und so war in den ersten Jahren
des »tausendjährigen Reichs« an eine Flucht der Familie Wolff-
Gottschalk nicht zu denken.

Joachims erster Weg an die Bühne war aber gerade durch den
frühen Tod des Vaters und den Verlust des Familienvermögens
durch gezeichnete Kriegsanleihen im Ersten Weltkrieg nicht ganz
so einfach, wie man es sich bei einem hochtalentierten Schauspieler vielleicht vorstellen möchte.

Gleich nach dem Abitur ging Joachim zur Marine, um seiner
Mutter nicht finanziell zur Last zu fallen. Auf der »Großherzogin
Elisabeth«, einem Dreimaster, fuhr der 18-Jährige für die deutsche
Handelsmarine zur See.[165]

Nach vier Jahren musterte Gottschalk ab und begann mit der
finanziellen Unterstützung seines älteren Bruders Ludwig, einem
Kaufmann, seine heißersehnte Schauspielausbildung, die gerade
mal ein Jahr dauerte.

Bald schon gehörte Joachim Gottschalk zum Ensemble der
Württembergischen Volksbühne, wo er auf Meta Wolff traf. Sie
war diejenige, die mit dem unerfahrenen Kollegen täglich lernte.

Gottschalk sollte innerhalb weniger Jahre ein begehrter Filmstar werden, noch galt er »nur« als einer der besten Sprecher des
deutschen Theaters.

Schon vor der »Machtergreifung« der Nationalsozialisten ließen
nicht wenige der Leipziger Theaterkollegen keinen Zweifel über
ihre Gesinnung gegenüber den Nationalsozialisten.

Doch wie offen sie sich auch bereits zur nationalsozialistischen
Ideologie bekannten, einschlägige antisemitische Bekundungen
wegen Gottschalks Ehe mit Meta Wolff fehlten.[166]

Gottschalk war selbst wohl kein Nationalsozialist, hatte aber keinerlei Berührungsängste mit Stücken, die aus der Feder von Bühnenautoren wie Dietrich Eckart, dem antisemitischen »Dichter der Bewegung«, stammten. So spielte er etwa in Eckarts Stück *Lorenzacio* in Leipzig die Titelrolle.[167]

War es ihm einerlei, welche politische Orientierung die Dichter hatten, oder war es etwa ein taktisches Ablenken von seiner nur geduldeten Ehe, in der er mit Meta lebte?

Es lag Gottschalk viel daran, dass seine junge Familie bald in eine andere deutsche Stadt umziehen konnte. Wie etwa nach Frankfurt am Main, wo niemand die privaten Verhältnisse des Schauspielers kannte und man unbehelligter leben konnte.

Dass diese erwünschte Zurückgezogenheit mit Gottschalks glänzender Karriere allerdings nicht lange in Einklang bleiben konnte, musste dem Schauspieler klar sein, widersprach sich doch der Wunsch nach Privatheit mit seiner durch die Arbeit gewonnene Beliebtheit, die er als Segen und Schutz für seine Familie zu verstehen schien. Nur unauffällig bleiben zu wollen genügte aber nicht, ja konnte gerade bei jemandem, der durch seinen Beruf die Öffentlichkeit suchte, nicht funktionieren. Gottschalk musste sich, wie alle anderen KünstlerInnen, die weiterhin in Deutschland arbeiteten und auf Aufträge nicht verzichten konnten, politisch positionieren, trotz oder gerade wegen seiner »nicht-arischen« Ehefrau.

Nachdem er den Vertrag bei den Frankfurter Städtischen Bühnen unterzeichnet hatte, musste er auch den »Fragebogen zum Nachweis der arischen Abstammung und der politischen Zuverlässigkeit für neu einzustellende Angestellte und Arbeiter« ausfüllen. Dieser Fragebogen galt aber natürlich auch für Meta, bei deren Glaubensbekenntnis »ev. luth.« und gleich daneben »früher: israelitisch« eingetragen stand. Eine Sonderauftrittserlaubnis der Reichskulturkammer, die dem Propagandaministerium

unterstand, wurde Gottschalk gewährt, aber damit war es noch
nicht getan.

Im Mai 1936 musste er als Angestellter der Stadt Frankfurt ein
Gelöbnis auf Adolf Hitler ablegen, dem er Treue und Gehorsam-
keit zu schwören hatte, anders hätte Gottschalk keinen Fuß mehr
auf eine deutsche Bühne setzen können.

Das alles geschah im Jahr nach den »Nürnberger Gesetzen«, die
aus der Ehe mit Meta eine »privilegierte Mischehe«, den gemeinsamen Sohn zu einem »Mischling ersten Grades« und ihn selbst
»jüdisch versippt« gemacht hatten.

Joachim Gottschalk

Aufstieg und Schwierigkeiten

Gottschalk wurde 1937 erstmals von Parteiseite eine Scheidung von seiner Frau nahegelegt. Kritiker aus der Partei, wie der Frankfurter Gaupropagandaleiter Willi Stöhr, ließen verlautbaren, dass es für ein deutsches Theater untragbar sei, einen »jüdisch versippten« Schauspieler zu engagieren und von ihm Texte deutscher Autoren wie Schiller öffentlich vortragen zu lassen. Beschwerden gegen die Auftritte Gottschalks häuften sich.

In einem Brief Meta Wolffs an ihre Freundin Ruth Hellberg ist nachzulesen, dass sie sich mit einer Scheidung für die Karriere ihres Mannes einverstanden sah: *»Wie wird das alles enden? Ich bin natürlich bereit, mich scheiden zu lassen, wenn es sein muss, wenn Jochen anders nichts kriegt. Er will aber erst alles versuchen – es wird uns schwer auseinander zu gehen.«*[168]

Meta Wolff erkannte, welche Schwierigkeiten auf sie zukamen. Ihr schien aber, wie vielen anderen, die in »privilegierten Mischehen« lebten, nicht bewusst gewesen zu sein, dass sie selbst und auch das gemeinsame Kind mit einer Scheidung den vorhandenen Schutz verloren hätten und der Verfolgung durch die Nazis ganz und gar ausgeliefert gewesen wären.

Die Historikerin Michaela Raggam-Blesch weiß von einigen ähnlichen Fällen zu berichten, in denen die Scheidung einer »Mischehe« als möglicher Vorteil auch für den jüdischen Teil missverstanden wurde. Dass aber damit das genaue Gegenteil eintrat und der jüdische Teil der Partnerschaft vogelfrei wurde, war vielen Menschen anfangs nicht klar, so die Historikerin.[169]

Dabei war Gottschalk nicht der einzige Schauspieler in Nazideutschland mit einer jüdischen Ehefrau. War er aber für die Möglichkeit, die Frau geschützt zu wissen und gleichzeitig arbeiten zu können, zu unbedeutend? Hatte er die falschen Verbindungen? War die Tatsache, dass Meta selbst Theaterschauspielerin gewesen war, nachträglich für sie beide? Woran lag es, dass die

Gottschalks so bald schon geballt die negative Aufmerksamkeit auf sich zogen? Standen wirklich nichts anderes als das überzogene Ego und eine Befindlichkeitspolitik des Propagandaministers hinter den so folgenschweren Entscheidungen?

Den vermehrten politischen Beschwerden gegen Gottschalk stand seine stetig wachsende Popularität gegenüber. Mit einem furiosen Gastspiel 1938 an der Berliner Volksbühne von Schillers *Fiesco* war für den Schauspieler der erste Schritt nach Berlin getan.

Seine Freunde vom Leipziger Theater, Ruth Hellberg und Wolfgang Liebeneiner, verwendeten sich für ihn, vor allem Hellberg tat für Gottschalks Karriere, was ihr möglich war. Ruth Hellberg, die eng mit Meta befreundet war, wusste, unter welchem Druck die Familie lebte, gelang es ihr selbst doch ihren Sohn Andreas, der aus ihrer ersten Ehe mit dem jüdischen Verleger Fritz Landshoff stammte, als gemeinsamen Sohn mit Wolfgang Liebeneiner auszugeben und das Kind sicher durch die bedrohliche Zeit zu bringen.[170]

Mit seinem steten Erfolg an der Volksbühne wurde die Reichskulturkammer stärker auf Gottschalk aufmerksam, doch noch konnte er von seiner nächsten Umgebung am Theater geschützt werden und begann gleichzeitig seine kurze und doch furiose Filmkarriere.

Es war der Regisseur Wolfgang Liebeneiner, der Gottschalks erste Hauptrolle an der Seite Brigitte Horneys in *Du und ich* ermöglichte. Der Erfolg des Films über das arbeitsreiche Leben des Strumpfwirkers Johann Uhlig und dessen Frau Anna gab dem Versuch, den Theaterschauspieler Gottschalk vor die Kamera zu stellen, recht.

Das Publikum wollte das neue Gesicht sehen, bald gehörten vor allem junge Frauen zu Gottschalks rasch wachsendem

Publikum, aber auch Männer zählten Gottschalk bald zu ihren Lieblingsschauspielern.

Worauf beruhte die große Faszination für Gottschalk? Vielleicht war es sein zurückgenommenes Wesen, seine ruhige Ausstrahlung, vielleicht waren es seine weichen Züge und sein eher durchschnittlich attraktives Äußeres? Er schien dem weiblichen Publikum greifbarer als ein Willy Birgel, Johannes Heesters, Hans Söhnker oder Hans Albers.

Auch für das männliche Publikum eignete er sich weit mehr zur Identifikation als andere zeitgenössische Schauspieler. Zwar war der Inbegriff des »kleinen Mannes« natürlich Heinz Rühmann, doch nicht jeder Kinobesucher wollte stets an die eigene Kleinbürgerlichkeit erinnert werden. So wurde die melancholische Ausstrahlung Joachim Gottschalks bald vom Publikum überbordend gefeiert.

Für den Schauspieler ging es mit den Filmen aber nicht nur um Ruhm und höhere Gagen. Die breitere Öffentlichkeit bedeutete auch mehr Schutz: Schutz für Meta, Michael und auch für ihn selbst.

Binnen kürzester Zeit begannen im Herbst 1938 die Dreharbeiten für den nächsten Film: *Aufruhr in Damaskus,* wieder an der Seite Brigitte Horneys, mit Außenaufnahmen in Libyen.

Wenn auch in diesem Film von Gustav Ucicky[171] eine durchaus romantische Note vorhanden ist, so war er doch mit Abstand jener Film Gottschalks, der am deutlichsten Propaganda der Nazis zum Inhalt hatte: Durchhalteparolen und Soldatenmut für einen Krieg, der noch nicht begonnen hatte.[172]

Insgesamt fällt bei Joachim Gottschalk auf, dass unter seinen acht Filmen propagandistische Inhalte nicht zu kurz kamen. War sein Engagement in diesen Filmen ein weiterer Versuch, das Regime für sich einzunehmen und mit seiner Familie durchzukommen?

Ruhm als Schutz

Während Gottschalk in Libyen vor der Kamera stand, kam es in Hitlerdeutschland zum Novemberpogrom. Meta, die mit Sohn Michael in der Wohnung am Seebergsteig im sonst so ruhigen Stadtteil Grunewald zitternd vor Angst saß, versuchte erfolglos,

Die guten FreundInnen in einer Drehpause bei den Aufnahmen zu »Das Mädchen von Farnö« (1941): Joachim Gottschalk, Brigitte Horney und Gustav Knuth.

ihre Freundin Ruth Hellberg zu erreichen, die sich am Abend des 9. November im Staatstheater befand. Als Hellberg aber auf dem Nachhauseweg die massiven Ausschreitungen und Übergriffe erlebte, fuhr sie direkt zu Meta und Michael, um über Nacht zu bleiben und die Freundin zu beruhigen.[173]

Die Erfahrungen des Pogroms änderten Meta Gottschalks Leben nachhaltig. Sie zog sich völlig aus dem gesellschaftlichen Leben, das sie bis kurz zuvor noch genossen hatte, zurück und verließ die Wohnung am Seebergsteig nur mehr, wenn es keine andere Möglichkeit gab.

Meta hatte verstanden, was in Deutschland vor sich ging, anders als ihr Ehemann Joachim, der zwischen seiner von Erfolg gekrönten Karriere und Sorgen um die Zukunft der Familie hin- und hergerissen war. Gottschalk teilte seine Sorgen wohl mit seinen FreundInnen, die sich auch um verschiedenste Hilfsangebote bemühten, gleichzeitig nahm er diese nicht an.

Was konnte alles geschehen, wenn Joachim wieder wegen Dreharbeiten nicht in Berlin war und Meta und das Kind ihrem Schicksal schutzlos ausgeliefert sein sollten? Die Freunde waren sich sicher: Es musste eine Lösung her. Sorgen um das Wohlergehen der Gottschalks machten sich die Freunde allerdings nicht erst seit dem Novemberpogrom, die Dringlichkeit etwas Nachhaltiges für ihre Sicherheit zu tun, nahm indes zu.

Brigitte Horney, Gustav Knuth und René Deltgen wollten dafür sorgen, dass Gottschalk gemeinsam mit Frau und Kind nach Zürich gehen konnte. Noch war es möglich, die Familie über die Grenze zu schmuggeln. Horney hatte bereits mit Dr. Wälterlin am Zürcher Schauspielhaus Kontakt aufgenommen. Man würde Gottschalk am Theater willkommen heißen, so die Nachricht aus der Schweiz.[174]

Gottschalk aber zögerte und nahm das Angebot schließlich nicht an. Es ist letztlich unklar, warum er wiederholt Chancen wie diese verstreichen ließ. Wahrscheinlich ist, dass er nach den raschen Siegen der Wehrmacht kurz nach Kriegsbeginn dieser auch zutraute, in die Schweiz einzumarschieren und daher Zürich als unsicheren Ort ansah.

Tatsächlich verließ Gustav Knuth Deutschland nach Kriegsende und zog in die Schweiz. Das Zürcher Schauspielhaus, wo man Joachim Gottschalk auf Betreiben seines Freundeskreises während des Krieges erwartet hatte, wurde Knuths schauspielerisches Zuhause.

Joachim Gottschalk in »Flucht ins Dunkel« (1939).

Verstrichene Chancen

In seiner rasch gewachsenen Popularität muss Gottschalk Schutz für seine Familie gesehen haben. Hinzu kam, dass er dank der Bemühungen des Volksbühne-Intendanten Eugen Klöpfer, der seit 1935 das Amt des Vizepräsidenten der Theaterkammer gemeinsam mit Rainer Schlösser innehatte, 1939 die vorläufige Vollmitgliedschaft der Reichskulturkammer erhielt.[175]

Diese veränderte Situation verhalf Gottschalk zwar zu einer gewissen Loslösung von der ständigen Bedrohung durch den Entzug der Sondererlaubnis, gleichzeitig stand er nun aber auf einer besonderen Liste des Propagandaministeriums, womit jede einzelne seiner Filmrollen gesondert genehmigt werden musste.[176]

Um die wiederholten Entscheidungen Joachim Gottschalks gegen eine Flucht mit Meta und Michael nachzuvollziehen, muss wohl auch seine starke Verbindung zu seiner Familie bedacht werden. Für Gottschalk war selbst in den Jahren seines Matrosendaseins die emotionale Verbindung zu seiner Mutter und seiner Schwester Margarethe äußerst wichtig. Aus Briefen des Schauspielers an die beiden wird ersichtlich, wie bestärkend er ihre Unterstützung über all die vielen Kilometer Entfernung empfunden hatte.[177]

Kann es sein, dass er deswegen seine eigene kleine Familie opferte? Oder war es vielmehr so, dass er, der so stark zur Melancholie neigte, tatsächlich annahm, dass eine Emigration nur ein Umweg in die offenen Messer der Nazis wäre? Er konnte, ja, er wollte seine gewohnten und bekannten Strukturen nicht loslassen, sondern auf diesen vielmehr aufbauen. Letztlich sollte dieser Plan durch den Konflikt mit seinen mächtigen Gegenspielern scheitern. Es sind nur Mutmaßungen, die hier angestellt werden können. Mutmaßungen, die sich aus den Darstellungen Dritter über Joachim Gottschalk nähren. Briefe, in denen seinerseits Befürchtungen geäußert wurden, ähnlich wie sie Meta geschrieben hatte, sind aus seiner Hand unbekannt. War ihm bewusst, dass ein Brief dieser Art ihnen und anderen schaden konnte?

Verstand Gottschalk nicht, sah er nicht, was letztlich notwendig wurde, um das Leben seiner Frau, seines Sohnes und auch sein eigenes Leben zu retten? Nahm er nicht wahr, wie sich KollegInnen in ähnlichen Situationen um Hilfe bemühten, um Angriffen von Goebbels und seinen Schergen nicht mehr ausgesetzt zu sein? Um ihrem Freund, dem neuen Berliner Publikumsliebling Gottschalk, der seine Berliner Theaterheimat an der Volksbühne am Horst-Wessel-Platz (heute: Rosa-Luxemburg-Platz) gefunden hatte, größere Sicherheit zu bieten, beschloss allen voran Gustav Knuth, dass es Zeit war, mit dem Intendanten am Preußischen Staatstheater, Gustaf Gründgens, zu sprechen.

Paul Bildt, Paul Henckels und Erich Ziegel gehörten zu jenen Schauspielern mit jüdischen Ehefrauen, die durch den Schutz Gründgens' vor dem Zugriff der Gestapo sicher waren.

Gründgens habe sich, laut den Erinnerungen Brigitte Horneys, zum Vorhaben, Gottschalk an das Staatstheater zu übernehmen, sofort bereit erklärt, Volksbühnen-Intendant Klöpfer gab jedoch Gottschalk vertraglich nicht frei.[178]

Hinzu kam, dass Gottschalk aus künstlerischen Gründen nicht an das Haus von Gründgens wollte. Der Schauspieler befürchtete, dort kaum selbst die wirklich guten Rollen spielen zu können, da Gründgens diese meist für sich in Anspruch nahm. Dabei ist tatsächlich schwer nachvollziehbar, wie sehr sich Gottschalk auf dem nur mehr allzu dünnen Eis sicher zu fühlen schien. War es der breite Zuspruch seines Publikums, der ihn durch diese beklemmende Zeit trug? Die Liebe zu Meta?

Er, der um ein Überleben seiner Familie in Deutschland kämpfte, stand gleichzeitig in einer Öffentlichkeit, die seine Ehe als Angriff auf die »Deutsche Volksgemeinschaft« verstand und damit völlig ablehnte.

Als Gottschalk 1940 erneut unter der Regie von Gustav Ucicky den Film *Ein Leben lang* an der Seite Paula Wesselys drehte, schien sich Gottschalk über den im Radio verkündeten Waffenstillstand zwischen Deutschland und Frankreich mehr zu freuen als alle anderen am Set. Ucicky mutmaßte in seinen Erinnerungen, dass Gottschalk dank des Waffenstillstandes auf die Möglichkeit der Emigration hoffte.[179] Betrachtet man alle Versuche, den Gottschalks zu helfen und die Möglichkeiten, die sich geboten hatten, scheint es unverständlich, warum der Schauspieler diese nicht wahrnahm. Worauf wartete Gottschalk?

Bei der Premierenfeier von »Die schwedische Nachtigall«, Berlin im April 1941:
Dr. Karl Bömer, Joachim Gottschalk, Ilse Werner, Karl Ludwig Diehl.

Kein Ausweg

1940 begannen die Dreharbeiten für Gottschalks letzten Film
Die schwedische Nachtigall, der unter der Regie von Peter Paul
Brauer die Liebesgeschichte zwischen dem dänischen Dichter
Hans-Christian Andersen und der schwedischen Sängerin Jenny
Lind erzählte.

Gottschalk übernahm die Rolle des Andersen, die junge Ilse
Werner spielte Lind, und gerade dieser so besonders romanti-
sche Film wurde zum Fanal in der dramatischen Geschichte der
Gottschalks.

Am 9. April 1941 kam es zur Premierenfeier im Berliner Künst-
lerclub »Kameradschaft der deutschen Künstler«. Da ein Besuch
Offizieller ausgeschlossen wurde, wagte Meta an der Seite ihres
Ehemannes den Ausflug in die Gesellschaft, die sie schon so lange
mied.

Überraschenderweise traf Goebbels als »Schirmherr der
deutschen Kunst« höchstpersönlich im Club ein. Er gratulierte
Gottschalk zum Erfolg und küsste den anwesenden Damen die
Hand, auch Meta Wolff. Welche Gedanken mochten in diesem
Moment Meta bewegt haben? Bereute sie es, ihre sonst übliche
Zurückgezogenheit aufgegeben zu haben? Ahnte sie in diesem
Augenblick, dass dieser Handkuss einem Todesurteil gleichkam?

Minuten später erklärte Goebbels' Adjudant, dass dieser soeben
mit Meta Wolff einer Jüdin die Hand geküsst habe. Goebbels verließ den Club noch im gleichen Augenblick. Dieser von Goebbels
als persönlicher Affront gewertete Umstand sollte unmittelbare
Vergeltungsfolgen haben.

Gottschalk erhielt kurze Zeit später Nachricht direkt aus dem
Ministerbüro. Er habe sich umgehend von seiner Frau zu trennen,
so die Botschaft. »Es ist eine Unverschämtheit mir immer wieder

vor Augen zu führen, dass dieser Gottschalk jede Nacht ›Rassenschande‹ begeht«, so Goebbels.[180]

Wegen seiner klaren Ablehnung der eingeforderten Scheidung
wurde Gottschalk noch im Mai 1941 mit einem Filmbeschäfti-
gungsverbot belegt. Auch an der Berliner Volksbühne verschwand
er aus den Besetzungslisten für die nächste Produktion von
Goethes *Faust*, obwohl er zuvor noch als Silvio in Goldonis *Diener
zweier Herren* das Publikum zu Begeisterungsstürmen hingerissen
hatte.

Wenige Tage nach Goebbels' Handkuss war der Präsident der
Reichsfilmkammer Carl Fröhlich gemeinsam mit dem Regisseur
Veit Harlan und dessen Ehefrau, der Schauspielerin Kristina
Söderbaum, beim Propagandaminister zum Tee geladen. Harlan,
der seine Filmprojekte von Goebbels persönlich absegnen
lassen musste, wollte sich bei diesem Treffen die Mitwirkung
Gottschalks in seinem nächsten Filmprojekt *Die goldene Stadt* zu-
sichern lassen.

In Söderbaums Gegenwart begann Goebbels über die sexu-
elle Hörigkeit primitiver deutscher Männer, die »raffinierten
Jüdinnen« zum Opfer fallen, zu sprechen, erging sich über
Gottschalks Vergangenheit als Handelsmatrose und erklärte
auf diese Weise ausführlich dessen Hörigkeit gegenüber seiner
Ehefrau.

Söderbaum entfernte sich von der Runde und Goebbels, der
auch im anwesenden Fröhlich einen Fürsprecher Gottschalks
fand, beantwortete die Frage Harlans nach der Besetzungsmög-
lichkeit Gottschalks mit dem Hinweis, dieser möge sich von seiner
Frau trennen, man würde für ihre sichere Ausreise in die Schweiz
sorgen. »Wenn er allerdings mit seiner Jüdin ein Feind des Nationalsozialismus sein will, dann kann er nicht erwarten, daß der
Nationalsozialismus seine Feinde protegiert«, warnte Goebbels.

Harlan wandte im weiteren Gespräch ein, dass Gottschalks Bruder bei der SS einen höheren Rang innehatte und dass sein Sohn
bei der Hitlerjugend war.

Der Propagandaminister antwortete: »Sein Sohn gehört nicht
in die Hitlerjugend und sein Bruder ist nicht mit einer Jüdin verheiratet. Er soll seine Chonte hinschicken, wo der Pfeffer wächst.«
Trotz der schrecklichen Beleidigung – »Chonte« ist freundlich
umschrieben die jiddische Bezeichnung für eine Prostituierte –
nahm Harlan an, dass das Angebot, Meta Gottschalk in die

Veit Harlan und Kristina Söderbaum

sichere Schweiz zu bringen, ernst gemeint sei. Als er letztlich mit Gottschalk über das Filmprojekt sprechen wollte, erfuhr der Regisseur, dass eine Besetzung mit Gottschalk auf jeden Fall verboten war.[181]

Eugen Klöpfer, der Vizepräsident der Reichstheaterkammer und Gottschalks Intendant an der Volksbühne, kam in dieser bedrohlichen Entwicklung seinem Starschauspieler nicht mehr zu Hilfe. »Für den Freitod der Familie Gottschalk trägt somit auch der Vizepräsident der Theaterkammer eine ganz persönliche Verantwortung.«, so Bärbel Schrader in ihrer Aufarbeitung der Reichskulturkammer.[182]

Hans Hinkel, der Geschäftsführer der Reichskulturkammer, trat nach Monaten des Arbeitsverbotes für Gottschalk auf den Plan und lud den Schauspieler für den 1. November 1941 in sein Büro in der Berliner Schlüterstraße vor. Bei dem Gespräch forderte Hinkel, einem Ultimatum gleich, Gottschalk müsse sich von seiner Frau trennen, sonst würde sie gemeinsam mit dem Sohn Michael nach Theresienstadt deportiert werden.

Gottschalk bat verzweifelt um eine gemeinsame Deportation mit seiner Familie, da er sich nicht von Frau und Kind trennen konnte. Für ihn hatte man aber bereits andere Pläne: Würde er nicht in die Scheidung einwilligen, sollte der Schauspieler an die Ostfront – und zwar nicht zur Truppenunterhaltung. »Sie werden sich scheiden lassen, Herr Gottschalk! Wen interessiert schon, was aus einer Jüdin wird?«,[183] so Hinkel.

Liebe über den Tod hinaus

Wie lange der Plan, sich gemeinsam das Leben zu nehmen, schon bestand, ist unklar. Sicher ist vielmehr, dass es nicht die Entscheidung von nur einem Ehepartner alleine war. Meta und Joachim hatten sich gemeinsam zu dem Schritt, mit Veronal und Gas ihrem Leben ein Ende zu setzen, entschieden. Nach

Gottschalks letztem Auftritt in Goldonis *Diener zweier Herren* am
5. November 1941 an der Volksbühne sollte es soweit sein.

Sie planten ihren gemeinsamen Tod, schrieben Abschiedsbriefe
an Menschen, die ihnen nahestanden, an Familie und Freund-
Innen. Das Wertvollste in ihrem Besitz wurde den Nächsten zu-
gedacht: Gustav Knuth eine Armbanduhr, seiner Frau Elisabeth
Lennartz ein Ring. Zu den erhaltenen Abschiedsbriefen der
Gottschalks gehört auch jener an die »Liebe Mutti Weber«, datiert
vom 4. November 1941, die die Gottschalks in praktischen Dingen
des Alltags unterstützt hatte.

   »Ich weiß, was ich Ihnen jetzt schreiben muss ist schmerzlich für Sie,
aber Sie werden uns verstehen und verzeihen«, schrieb Meta Wolff.
»Es kommen neue Bestimmungen heraus, die unsere Ehe scheiden; wie ja

Meta Wolff

alles überhaupt verschärft worden ist in dieser Sache, so sollen auch diese Ausnahmen und Vergünstigungen wegfallen. Was das zu bedeuten hat können Sie wohl ermessen.« Auf eineinhalb eng beschriebenen Seiten erklärte Meta der Freundin die wohlüberlegte Entscheidung gemeinsam zu sterben. *»Seien Sie nicht traurig und vor allem, seien Sie überzeugt, daß wir glücklich sind. Auf uns würde nur Trennung und Schmach warten, Demütigungen aller Art, jeder der uns kennt und liebt, wird uns unseren schönen Frieden gönnen.«*[184]

In seinem Abschiedsbrief an seine Mutter schrieb Gottschalk: *»Meta und Michael schlafen schon ...«* Er hatte das Veronal dem Sohn ins Essen gegeben, Fenster und Türen der Wohnung am Seebergsteig in Berlin-Grundewald waren abgedichtet, ehe er den Gashahn in der Küche aufdrehte und sich zu Frau und Kind legte.

Die Leichen der Familie wurden tags darauf von René Deltgen, der selbst unweit der Gottschalks in Grunewald wohnte, gefunden. Der Schauspieler hielt in Sorge Nachschau, weil er den Freund am Telefon nicht erreicht hatte.[185]

Neben der großen Erschütterung in Film- und Theaterkreisen brachte Gottschalks Tod für andere als »jüdisch versippt« geltende SchauspielerInnen kurzfristig Verbesserungen im Arbeitsalltag, der permanente Druck Goebbels' ließ etwas nach.

Hitler selbst forderte Hinkel und damit das gesamte Propagandaministerium auf, bei ähnlichen Fällen vorsichtiger umzugehen. Weitere Diskussionen und Unruhe sollten unter allen Umständen vermieden werden.[186]

1946 schrieb der mit den Gottschalks befreundete Regisseur Hans Schweikart die Filmnovelle *Es wird schon nicht so schlimm!*, die die Grundlage für den Defa-Film *Ehe ohne Schatten* von Kurt Maetzig bildete.

Schweikart stellte mit der Filmnovelle, die übrigens in Buchform erst 2014 veröffentlicht wurde,[187] Fragen nach Solidarität,

Risiko und Opferbereitschaft. Auch wenn das gemeinsame Kind in der Novelle und im Film nicht berücksichtigt wurde, so war allen klar, wessen Geschichte hier erzählt wurde: Die Hauptcharaktere konnten niemand anderes als Joachim Gottschalk und Meta Wolff sein.

Der Film, der am 3. Oktober 1947 in allen vier Berliner Sektoren gleichzeitig Premiere hatte, wurde als bester deutscher Nachkriegsfilm mit einem *Bambi* ausgezeichnet. Als der Film im Herbst 1947 seine Hamburger Premiere feierte, mischten sich der *Jud Süß*-Regisseur Veit Harlan und dessen Ehefrau Kristina Söderbaum unter das Publikum. Wie Curt Riess berichtete, hatten die beiden auf unerklärliche Weise eine Einladung erhalten.[188]

Harlan und Söderbaum wurden vom *Ehe ohne Schatten*-Produzenten Walter Koppel, der in der NS-Zeit im KZ Fuhlsbüttel nahe Hamburg inhaftiert gewesen war, und dem Kinobetreiber Heinz Heisig der Veranstaltung verwiesen. Mit einer Warnung, so erinnerte sich Curt Riess, man möge sich in Acht nehmen, verließen Harlan und Söderbaum die Hamburger Premiere von *Ehe im Schatten*.

Wenigen blieben Joachim Gottschalk und Meta Wolff nach Kriegsende in Erinnerung. Sie waren für die Mehrheit nur ein paar weitere Opfer unter Millionen. Joachim Gottschalk hatte das System, das ihn, seine Ehefrau und seinen Sohn letztlich das Leben kostete, über acht Jahre künstlerisch mitgetragen.

Der schwere Schleier, der sich in der NS-Zeit über die Gottschalks gesenkt hatte, wurde nachdem der Film *Ehe im Schatten* aus den Kinos verschwunden war, nicht mehr für eine breite Öffentlichkeit gelüftet.

Joachim, Michael und Meta Gottschalk, Mitte der 1930er-Jahre.

Hansi Burg und Hans Albers in Garatshausen, 1946.

»BRICHT MIR AUCH HEUT' DAS HERZ ENTZWEI«[189]
Hansi Burg und Hans Albers

Für Klaus Mann war er »der scheußliche Albers«, »der Boche par excellence – der Nazi par excellence«,[190] den man einfach nur verachten musste. Der Autor von *Mephisto* war mit seiner abschätzigen Meinung über Albers dabei nicht alleine: Der laute und überhebliche »Hoppla, jetzt komm ich«-Habitus des Hamburger Schauspielers konnte durchaus verstörend wirken. Ja, die Selbstverliebtheit »vom blonden Hans« war geradezu legendär. Dennoch, wer Albers unterstellte ein Nazi zu sein, verkannte ihn völlig, auch wenn er sich mit dem NS-Regime zu seinem allerbesten Vorteil arrangiert hatte.

»Jeder Albers-Film brachte volle Häuser in den proletarischen Vierteln wie auch am Kurfürstendamm. Dieser menschliche Dynamo mit dem goldenen Herzen verkörperte im Film, was jeder im Leben gerne wäre«, so Siegfried Kracauer über das Phänomen Albers, der schon in der Weimarer Republik einer der ganz Großen der deutschen Unterhaltungsindustrie gewesen war.[191]

Dem Hamburger Fleischersohn war eine ganz besondere Ausstrahlung zu eigen, an die kein anderer Schauspieler Deutschlands heranreichte. Eine Mischung aus harter, roher Männlichkeit und tiefer Melancholie zog die Menschen, egal aus welcher Bevölkerungsschicht, egal welchen Geschlechts, wie magisch zu

Hans Albers hin. Auch die Selbstverständlichkeit, mit der er sich die Rollen aneignete und seine für die Zeit untypische Art der Improvisation faszinierten sein Publikum.

Jene, die in ihm einen Nazi sahen, wie eben Klaus Mann, ahnten nicht, dass »Hanne« für die Nationalsozialisten vor allem Spott übrig hatte und er dem »Dritten Reich« kaum mehr als eine kurze Lebensdauer zugestand, womit er nicht alleine war.[192]

Dass er in den Augen der braunen Elite einen nicht zu unterschätzenden Makel hatte, blieb jenen, die ihn ablehnten, wohl ebenfalls verborgen: Hansi Burg, Albers' Lebenspartnerin, war Jüdin.

Als die »Nürnberger Gesetze« 1935 die bereits seit der »Machtergreifung« der Nationalsozialisten 1933 bestehende Ausgrenzung der jüdischen Bevölkerung Deutschlands untermauerten, waren Hansi Burg und Hans Albers bereits seit zehn Jahren ein Paar und machten sich, der neuen Gesetzgebung entsprechend, der »Rassenschande« schuldig: Hans christlich, Hansi jüdisch.

Obwohl es bald zur Verlobung kam, heiratete das Paar letztendlich nicht. War Albers' notorische Untreue daran schuld, dass die beiden einander nie das Ja-Wort gaben oder verstanden sie sich ohne den üblichen Trauschein einander so zugehörig, dass eine Verheiratung nicht notwendig gewesen war?

Auch wenn der Schauspieler die Selbstbestätigung durch die begehrlichen Augen anderer Frauen suchte, die Art und Weise wie Burg und Albers miteinander lebten, hatte nichts von einer oberflächlichen Beziehung, die durch andere ersetzt werden konnte.

Sie waren Mann und Frau, auch wenn Hansi Burg vor dem Gesetz nicht zu Albers' Ehefrau wurde. In deutschen Magazinen wurde von ihr nicht selten als »Frau Albers« gesprochen, und sogar in einigen Ämtern waren die beiden als Ehepaar vermerkt, selbst Hitlers persönliche Kanzlei beschäftigte sich mit dem Familienstand des Paares Albers/Burg.[193]

Und auch wenn Hansi und Hans nicht miteinander verheiratet waren, so war die eigentlich falsche Bezeichnung doch für Hansi völlig richtig gewählt: Keine andere Frau in seinem Leben hätte Frau Albers sein können, abgesehen von seiner geliebten Mutter Johanna Dorothea.

Die schwierigen Anfänge einer blendenden Karriere

Hansi Burg, die sich bereits in den frühen 1920er-Jahren als Schauspielerin einen Namen gemacht hatte, lernte Albers nicht wie üblich in KünstlerInnenkreisen oder durch ein gemeinsames Engagement kennen, sondern durch ihren Vater Eugen Burg, eigentlich Eugen Hirschburg, einen der wohl beliebtesten Schauspieler und Regisseure Deutschlands seiner Zeit.

Burg pflegte während seines Engagements am Deutschen Schauspielhaus in Hamburg mit dem theateraffinen Schlachtermeister Philipp Albers eine rege Bekanntschaft. Es heißt, der Nachwuchs der beiden, Hans und Hansi, sei einander schon in der Kindheit begegnet.[194]

Albers sen., im Hamburger Stadtteil St. Georg eine angesehene Persönlichkeit und dafür berühmt, in der offenen Kutsche frische Fleisch- und Wurstwaren an seine Kundschaft auszuliefern, wurde wegen seiner besonders gepflegten, theatralisch imposanten Erscheinung »der schöne Wilhelm« genannt. Als Hans Albers, lange Jahre nach dem Tod »des schönen Wilhelms«, zu seinem eigenen 60. Geburtstag in einem Interview auf den Vater angesprochen wurde, antwortete er, sich seiner eigenen starken Ausstrahlung durchaus bewusst: »Gegen den bin ich ein Krüppel.«[195]

Vater Albers wollte nichts davon wissen, dass sein jüngster Sohn keinerlei Interesse an einer Übernahme des Schlachtereibetriebes aufbrachte. Für Hans war, an der Seite des älteren Bruders Willi, die Rolle des Kaufmanns vorgesehen.

Entgegen dieser Pläne unterstützte Mutter Johanna Dorothea das frühe Interesse ihres Lieblingskindes an der Schauspielerei. Sie war es, die Hans heimlich privaten Schauspielunterricht finanzierte, während er, um den Vater zufrieden zu stellen, mit einer Kaufmannslehre begann.

Hans Albers gab seiner Mutter, mit der ihn ein besonders enges Verhältnis verband, für die notwendige Unterstützung einen besonderen Wechsel: Würde er es innerhalb von drei Jahren nicht an

Eugen Burg

eine Bühne in Hamburg schaffen, wolle er, wie verlangt, im väterlichen Schlachtbetrieb arbeiten.[196] Die Theaterprovinz verlangte
dem jungen Schauspieler einiges ab, und binnen der folgenden
drei Jahre debütierte Hans tatsächlich am Hamburger Thalia
Theater im September 1914 in Fritz von Unruhs patriotischem
Stück *Offiziere,* passend zum eben begonnenen Ersten Weltkrieg.

Schon 1915 stand Albers im Feld, doch sein Soldatenleben
dauerte nicht lange: Ein Beinschuss beendete den Krieg für den
blonden »Hanne« vorzeitig und er konnte sich, nachdem er nicht
zurück an die Front musste, wieder seiner Schauspielkarriere
widmen.[197]

In der Theaterwelt bleibenden Eindruck zu hinterlassen, fiel
Albers am Beginn seiner Karriere nicht leicht. So verdankte er seinen letztlich errungenen Erfolg seinem Durchhaltewillen und seinem zähen Bemühen, alles zu tun, um endlich der Star zu werden,
der er schon als Zwölfjähriger sein wollte. Maßgebliche Unterstützung kam dabei, wie erwähnt, von Hansis Vater, Eugen Burg, der
beschloss, dem jungen Hans hilfreich unter die Arme zu greifen
und seinen eigenen Einfluss in der Theaterwelt, soweit es ging,
geltend zu machen.

Dabei war Burg aber nicht der einzige Mentor des Hamburger
Fleischersohnes. Claire Dux, die legendäre deutsche Opernsänge-
rin, hatte ihren Schweizer Ehemann, den IG Farben Generaldirek-
tor und späteren Schriftsteller Wilhelm Alfred Imperatori, für den
sechs Jahre jüngeren Albers verlassen, kurz nachdem der große
Blonde nach Berlin gekommen war und ihre Wege sich gekreuzt
hatten. Dux half ihrem Geliebten mit ihren Verbindungen, erste
wichtige Schritte in der Theaterwelt der deutschen Hauptstadt zu
setzen.

Wurden gemeinsame öffentliche Auftritte des Paares Dux/
Albers in den ersten Nachkriegsjahren von den deutschen

Zeitungen kolportiert, so galt die Aufmerksamkeit stets der
international erfolgreichen Sängerin und keineswegs dem jungen
großgewachsenen Schönling an ihrer Seite.[198]

Noch war er nichts anderes als die hübsche Begleitung am Arm
der Dux. Und auch wenn Albers sein Aussehen durchaus zu seinem Vorteil zu nutzen wusste, verstand er nur allzu gut, wie er
selbst später in Interviews betonte, dass dies alleine für eine erfolgreiche Karriere nicht genügen konnte. Gab es zu der Zeit, als er
nach Berlin kam, doch zu viele wie ihn auf dem Schauspielmarkt.[199]
Albers tat in seinem Bestreben, ein erfolgreicher Schauspieler zu
werden, alles, was von ihm verlangt wurde und hatte keinerlei

*Bruno Seidler-Winkler, Claire Dux und ihr jugendlicher Liebhaber Hans Albers in Wiesbaden
Anfang der 1920er-Jahre.*

Berührungsängste oder Vorbehalte. Egal ob er einen Clown zu spielen hatte oder über die Bühne und den Zuschauerraum springen musste: Albers tat, was für die jeweilige Rolle notwendig war, und das mit großem Engagement.

Diesen früh angewöhnten hundertprozentigen körperlichen Einsatz bewahrte sich Albers übrigens für seine weitere Filmkarriere: Er ließ sich nicht doubeln, sondern übernahm alle Stunts in späteren Filmen selbst. Dass Albers etwa völlig selbstverständlich, wie im Film *Wasser für Canitoga*, kopfüber ins Wasser sprang, zeigte, wie ernst er seine Arbeit nahm und welchen Einsatz er zu geben bereit war.

Albers arbeitete unablässig an der Inszenierung seiner öffentlichen Erscheinung, die sich in einer lauten und durchaus jovialen Art bald von den anderen vielversprechenden Schauspielern abhob. Privat soll Hans Albers hingegen ernst und melancholisch gewesen sein, erzählte Hansi Burg nach seinem Tod in einem Interview.[200]

Auch wenn er eine gewisse Ernsthaftigkeit bei aller offensiven Schnoddrigkeit nicht verbergen konnte, seine Melancholie verstand er schon bald in einer gehörigen Portion Cognac zu ertränken. Mag ihn diese Melancholie auch an den Starnberger See getrieben haben, fern der Öffentlichkeit, die er trotz allem so brauchte, sichtbar wurde sie zu seinen Lebzeiten nicht.

Der öffentlich inszenierte Albers war dabei alles andere als in sich gekehrt: Sein mehr als selbstbewusstes Auftreten wurde zum Markenzeichen des Schauspielers und übernahm so etwas wie eine Schutzfunktion für Albers. Sein fast anarchisch anmutendes Wesen war für viele irritierend. Dennoch gab es weitaus mehr Menschen, die ihn verehrten und ihm über Jahrzehnte treu blieben, als diejenigen, die ihn ablehnten.

Männer beneideten die leichtfüßige Selbstverständlichkeit Albers', Frauen sehnten sich nach diesem »großen eleganten Kerl mit vulgärem Charme«, wie Bertolt Brecht nach seiner Rückkehr aus dem Exil über Albers in sein Arbeitsjournal nach einer Aufführung von *Liliom* notierte.[201]

Wenn Albers' Auftreten schon in der Weimarer Republik viele Frauen zu begeistern wusste, in der NS-Zeit versinnbildlichte Hans Albers den Männertypus, der anpackte, präsent war, nicht zögerte oder lange auf Entscheidungen wartete und dabei auch noch dem zeittypischen Schönheits- und Körperideal entsprach. Frauen bot er, in der kriegsbedingten Abwesenheit ihrer Männer, eine durchaus sexuell-animalische Vorlage zum Träumen.

Hansis Einfluss

Trotz allen Klinkenputzens, das Albers' frühe künstlerische Arbeit begleitete, hätte seine Karriere ohne den Einfluss der Dux wohl weiter geschwächelt. Auch die Hilfe Eugen Burgs und letztlich die Unterstützung Hansis, die Albers 1921 im Berliner Nelson Theater wiedertraf, waren maßgeblich für ihn.

Dass die ätherisch wirkende Hansi ein Grund für die Trennung der Sängerin und des Schauspielers gewesen war, liegt nicht fern. Mitte der 1920er-Jahre zerbrach die Beziehung zwischen dem Schauspieler und dem Opernstar, wenig später, im Jahr 1925, waren Hansi Burg und Hans Albers ein offizielles Liebespaar.

Für Hansi, die während eines Engagements ihres Vaters Eugen 1898 in Wien zur Welt gekommen war, lag es, wie für ihre beiden Schwestern Stefanie-Marie und Rita, als Tochter berühmter Eltern nahe, eine Schauspielkarriere in Erwägung zu ziehen.

Mit einem schauspielenden Vater und ihrer Mutter Emmy Burg-Raabe, die als Koloratursopranistin erfolgreich war, schien der Weg auf die Bretter, die die Welt bedeuten, für Hansi längst geebnet.

Durch ihr Umfeld stark geprägt, nahm sie den Weg auf die Bühne tatsächlich auf sich. Allerdings unterschied sich Hansis frühe

Schauspielkarriere völlig von dem Weg, den Hans einschlug, beziehungsweise den er sich überhaupt erst erkämpfen musste. Sie musste für ihre Schauspielerei keinerlei Heimlichkeiten auf sich nehmen, um endlich auf der Bühne zu stehen. In ihrer Familie entsprach es der Norm, einen künstlerischen Beruf zu ergreifen.

Zu Beginn ihrer Beziehung mit Albers war Hansi die Prominente der beiden und die Presse hofierte sie nicht nur wegen der immensen Erfolge ihres Vaters. Sie spielte unter anderem auf den Bühnen der Rotter-Brüder, Fritz und Alfred, die mit ihren Produktionen über Jahre hinweg die Berliner Theaterwelt beherrschten und zu ihrer Zeit die größten Theaterunternehmer Deutschlands, vielleicht sogar Europas waren, ehe sie finanziell ruiniert wurden und flüchten mussten.

Hansi eroberte die Bühnen allerdings nicht im Sturm, sie war aber an der Seite Adele Sandrocks in Berlin zu bewundern und auch in Stummfilmen trat sie in Nebenrollen auf.[202] Ihre einzige, wirkliche Hauptrolle spielte Hansi jedoch im Leben von Hans.[203]

Vielleicht hätte es für eine größere Karriere gereicht, hätte sie mehr um die eigene Schauspielkunst kämpfen müssen. Oder kam ihr die Liebe zu Hans in die Quere? Fehlte ihr der Wille zum eigenen künstlerischen Erfolg, der Hans so eigen war, oder kamen ihr Hans und dessen heftiges Bemühen um Erfolg gerade recht, um ihr eigenes Künstlerinnensein ohne schlechtes Gewissen aufzugeben?

Für Hansi war die Schauspielerei, anders als für ihren Vater oder auch Hans, nicht der Inbegriff ihrer ganzen Welt, für die es alles zu geben galt. Hansis Welt bestand, nachdem sie ein Paar geworden waren, vor allem aus Hans. Albers wurde zu ihrem Lebensprojekt.

Die geborene Schauspielerin entschied sich, als sie sich in den noch glücklosen Albers verliebte, für einen pragmatischeren Weg. Sie wusste für ihren Hans ein ganz besonderes Talent zu nutzen, das auch anderen Stars der Weimarer Republik nicht verborgen

geblieben war: »Diese Frau könnte eine ganze Schauspieler-
Clique reich machen«, so äußerte sich der Entdecker Marlene
Dietrichs, Regisseur Josef von Sternberg, bewundernd zu Hansis
Organisationstalent.[204]

Sie hatte sich bewusst dafür entschieden, selbst nicht künstlerisch tätig zu sein, sondern die Karriere ihres Geliebten höchst
erfolgreich zu managen. Tatsächlich war sie es, die Albers den Weg

Hansi Burg

zum Erfolg wies und die Zügel seiner Karriere in die Hand nahm. Ihr pragmatischer Zugang zum Leben war, neben der Liebe der beiden, das Band, das sie gemeinsam fest umschlungen hielt.

Ohne Hansis praktische Einstellung zu Arbeit und Liebe hätte die Beziehung mit Hans wohl nicht eine einzige der vielen Affären des untreuen Schauspielers überstanden. Hansi tat alles, um ihre Beziehung zu Hans nicht den gleichen Weg einschlagen zu lassen, den seine Beziehung zu Claire Dux genommen hatte. Sie verzichtete auf ihre anfängliche Popularität, überließ ihrem Geliebten das Scheinwerferlicht und sprach Zeit ihres Lebens kaum noch über ihre eigene Person.

Der Durchbruch

Ende der 1920er-Jahre war es für den mittlerweile 37-jährigen Albers endgültig soweit: 1928 feierte er mit Molnars *Liliom,* seiner Paraderolle am Theater, große Erfolge, und ein Jahr später erfüllte sich Hansis Prophezeiung: »Der Tonfilm wird dein großer Durchbruch«.[205] *Die Nacht gehört uns,* unter der Regie von Carl Fröhlich, der 1939 von Goebbels zum Präsidenten der Reichsfilmkammer ernannt wurde,[206] machte den stets etwas heiser klingenden Albers über Nacht zum Star.

Innerhalb kürzester Zeit war er einer der drei Stars, die in Berlin für volle Häuser sorgen konnten. Neben Albers gelang dies nur der Wienerin Schauspielerin Elisabeth Bergner und dem Linzer Ausnahmetenor Richard Tauber. Tauber, der singende »König von Berlin«, und Albers wurden gute Freunde. Gemeinsam fuhr man zu Franz Lehár nach Bad Ischl auf Sommerfrische.

Der Einzige unter den dreien, dem die BerlinerInnen in größter Hingabe zu Füßen lagen und der nach den »Nürnberger Gesetzen« kein Jude war, war Albers.

Albers war der Held, der für die unmittelbare Erfüllung der Träume seines bürgerlichen Publikums zuständig war, wie

Siegfried Kracauer festhielt: »seine Heldentaten erfreuten die
Herzen des Arbeiterpublikums und in ›Mädchen in Uniform‹
sehen wir, wie seine Fotografie von den Töchtern aristokratischer
Familien verehrt wird.«[207]

Ernst Josef Aufricht, der 1923 gemeinsam mit dem Wiener Regisseur Berthold Viertel das Berliner Theaterensemble »Die
Truppe« gegründet hatte, übernahm nach der Flucht der legen-
dären Rotter-Brüder den Admiralspalast unweit des Berliner

Conrad Veidt

Reichstages, dessen 2000 Plätze er mit einer Produktion von Ferenc Molnárs *Liliom*, mit Albers in der Titelrolle, füllen konnte.

Aufricht erkannte in Albers genau das, was auch die Nazis in ihm sahen: »der erwünschte Typ der heraufkommenden Zeit, groß, blond, blauäugig mit dem Gang eines Raubtieres.«[208]

1932 kam der Science-Fiction Film *F.P.1 antwortet nicht* mit dem Albers-Schlager »Flieger, grüss' mir die Sonne« in die Kinos. Wie damals bei der Ufa durchaus üblich, wurde der Film für den internationalen Markt auch auf Englisch und Französisch abgedreht. Die Figur des Ellissen, den in der deutschen Fassung Hans Albers spielte, wurde in der englischen Version von Conrad Veidt und in der französischen Version von Charles Boyer verkörpert.

Veidt, der ein vehementer Gegner der Nationalsozialisten war und Deutschland schon bald Richtung England verließ, schrieb zehn Jahre nach *F.P.1 antwortet nicht* mit seiner Darstellung des Major Strasser in Michael Curtiz' *Casablanca* Filmgeschichte und gab dabei dem bösen Deutschen ein unvergessliches Gesicht.

Wie Hans-Christoph Blumenberg schrieb, erreichte Albers eine Nachricht seines Freundes Conrad Veidt aus London: »Hans, du gehörst hierher.«[209] Albers aber blieb in Deutschland. Fürchtete er in seinem fortgeschrittenen Alter, 1933 war er immerhin 42 Jahre alt, keinen Neuanfang im Ausland zu schaffen? Sprach er nicht schon längst mit Hansi über eine gemeinsame Emigration?

Oder stand eine für seine Partnerin notwendige Flucht für ihn, den unangefochtenen Superstar des NS-Kinos, nie zur Diskussion, da er genau wusste, dass er für ein internationales Publikum einfach zu deutsch war?

Die verlorenen Freunde

Das von Aufricht beschriebene Raubtier war zur Zeit der »Machtergreifung« Hitlers gemeinsam mit seiner Dompteuse Hansi vor allem mit dem Ausbau seiner endlich in Fahrt gekommenen Karriere beschäftigt. Albers interessierte sich nicht für Politik. Woran er interessiert war, war der stete Erfolg des Hans Albers, den er sich so mühsam erarbeitet hatte.

Was sollte eine neue Regierung auch schon bringen? Verdiente sie überhaupt Albers' Aufmerksamkeit?

Tatsächlich verschwanden schon bald viele seiner Freunde und Kollegen. Dem Schauspieler Fritz Kortner, mit dem Albers so etwas wie eine berufliche »Lieblingsfeindschaft« verband, gelang die Flucht in die USA. Albers' langjähriger Freund Kurt Gerron, der neben »Hanne«, Marlene Dietrich und Emil Jannings in Josef von Sternbergs *Der Blaue Engel* als Zauberkünstler Kiepert zu sehen war, wurde in den Niederlanden verhaftet und im KZ Theresienstadt dazu gezwungen, für den berüchtigten Propaganda-Film *Theresienstadt*[210] das Drehbuch zu verfassen und die Regie zu übernehmen. Gerron wurde 1944 in Auschwitz vergast.[211]

Dass auch Albers' geliebte Hansi und sein Beinahe-Schwiegervater Eugen Burg von den neuen Machthabern bedroht sein konnten, wollte der Schauspieler nicht wahrhaben. Seine Selbstbezogenheit stand ihm für diese notwendige Erkenntnis die längste Zeit im Wege: Er war ein Star und ganz Deutschland lag ihm zu Füßen. Damit sollten seine Liebsten doch in Sicherheit sein. Was sollte Hansi und Eugen schon passieren? Genügte es nicht, dass sie für ihn von so großer Bedeutung waren?

Langsam aber sicher wurde Albers trotz seines »Hoppla, jetzt komm ich«-Gehabes gewahr, auf welchen Pakt er sich eingelassen hatte.

Der Schauspieler Georg Thomalla erinnerte sich in seinen Memoiren daran, dass Albers gemeinsam mit Eugen Burg den »Klub der Kameradschaft deutscher Künstler« besuchen wollte. Burg wurde der Eintritt verwehrt, worüber sich Albers lautstark beschwert haben soll: »Wenn Herrn Burg der Zutritt verwehrt wird, dann habe ich in diesem Laden auch nichts zu suchen.«[212]

Albers weigerte sich über ein Jahr lang, der Reichsfilmkammer beizutreten – eine Pflicht für alle »deutschblütigen« Schauspieler-Innen in der NS-Zeit. Abmahnungen folgten. Er ließ Termine verstreichen, bis man ihm mit Berufsverbot drohte und er am 10. Januar 1934 endlich den Aufnahmeantrag ausfüllte.[213]

Anders als etwa Werner Krauß, der bei rassische Abstammung und Religion »deutschblütig und evangelisch« oder Willy Fritsch, der »arisch, katholisch« in den Fragebogen eintrug, schrieb Albers bei den Angaben zu seiner Familie lediglich »alle ev.luth.«, auf mögliche »rassische« Bezeichnungen verzichtete er.[214]

Wenig später, im Juni 1934 wurde der widerspenstige Albers aus der Kammer ausgeschlossen, sein Pass gesperrt, fällige Gagennachzahlungen wurden nicht ausgezahlt.[215] Auf diese Weise wurde schon früh versucht, von staatlicher Seite Einfluss auf Albers' Privatleben zu nehmen.

Er war mit Hansi nicht verheiratet, galt also nicht als »jüdisch versippt« wie etwa Joachim Gottschalk, Theo Lingen, Hans Moser oder Heinz Rühmann und stand damit weniger unter Druck als seine Kollegen. Allerdings konnte Hansi sich umgekehrt durch die fehlende Eheschließung nicht auf einen etwaigen Schutz durch eine »Mischehe« verlassen.

Für Burg und Albers galt nur der Vorwurf der »Rassenschande«, schwer genug, bedenkt man die Strafen, die das Regime dafür erdacht hatte. Und auch Denunzianten, die Albers und Burg schaden wollten, hielten sich wegen der »gemischtrassigen« Beziehung der beiden keineswegs zurück. Dass Albers mit seinem Erfolg dem Regime letztlich mehr half als schadete, rettete seine Liebesbeziehung mit Hansi. Vorerst zumindest.

Offiziell lebten Burg und Albers nicht an der gleichen Adresse, die offensive Präsenz der beiden in der Öffentlichkeit ließ aber keinen Zweifel an der weiterhin äußerst engen privaten

Verbindung von Hansi und Hans. Zum großen Ärgernis des Propagandaministers.

Albers' Nichtbeziehung zur NS-Elite

Um die NS-Elite zu befrieden, sorgte Albers mit seinen Filmen nicht nur für Unterhaltung, sondern auch für unmissverständliche Propaganda, wie etwa in dem Abenteuerfilm *Flüchtlinge* im Jahr 1933, mit *Henker, Frauen und Soldaten* 1935 und 1941 im antibritischen Film *Carl Peters*. Mit diesen drei eindeutigen Propaganda-Filmen lieferte Albers allerdings deutlich weniger Einschlägiges ab als die Mehrheit seiner Kolleginnen und Kollegen.

Anfangs war Goebbels von Albers, »dem Teufelskerl«,[216] noch angetan und ließ ihm den Staatspreis für seine Darstellung des demokratieverachtenden Deutschen Arneth in *Flüchtlinge* verleihen. Albers erschien jedoch nicht zur Preisverleihung, um die Auszeichnung aus den Händen des Propagandaministers entgegenzunehmen und brüskierte Goebbels auf diese Weise öffentlich.

Diese ausweichende Handhabe setzte der Schauspieler fort und glänzte die gesamten zwölf Jahre NS-Herrschaft bei offiziellen Anlässen mit Abwesenheit. Albers besuchte keinen der zahlreichen Empfänge des Propagandaministers, und es gibt kein einziges Foto, auf dem Albers mit Mitgliedern der Nazi-Elite zu sehen wäre. Zudem verweigerte er Auftritte in den zu Kriegsbeginn von Goebbels installierten und bis 1941 regelmäßig stattfindenden propagandistischen Veranstaltungen mit dem Namen »Wunschkonzerte für die Wehrmacht«.[217]

Dieser neue Propaganda-Coup wurde von Stars wie Marika Rökk oder Heinz Rühmann unterstützt und sollte die Wehrmachtssoldaten mit der Heimat verbinden. Dass dabei die Menschen durch das Regime aber lediglich propagandistisch instrumentalisiert wurden, wollte kaum jemand in Deutschland erkennen.

Goebbels verzichtete bei diesem neuen Sendungsformat allerdings nicht auf Albers, auch wenn ihm dieser auswich: Stand der Superstar selbst schon nicht zur Verfügung, so wurden wenigstens seine erfolgreichen Schlager gespielt.

Hans Albers

Wäre Albers, wenn er der Nazi gewesen wäre, für den ihn Klaus Mann und viele andere hielten, nicht bei jeder öffentlichen Gelegenheit, bei der er die Machthaber hätte treffen können, erschienen? Hätte er dann nicht live an den Wunschkonzerten teilgenommen?

Wäre er nicht bei den von anderen Stars frequentierten Wochenschauen, die unerlässlich für die NS-Propaganda waren, zu sehen gewesen statt sich regelmäßig mit der Ausrede »unaufschiebbare Drehtermine« zu entschuldigen?

Es stimmt schon: Albers hatte sich mit der braunen Obrigkeit arrangiert, dabei ließ er sich aber nicht auf Tändeleien mit Goebbels ein, anders als etwa Viktor de Kowa. Albers unterwarf sich nicht dem System wie die Schauspielgrößen Heinrich George oder Bernhard Minetti, nahm aber gleichzeitig den ermöglichten Ruhm und Geld durch die Kooperation mit dem NS-Regime ohne jeglichen Skrupel an: So belief sich seine höchst-dotierte Filmgage auf 416.000 Reichsmark für die Rolle des singenden Seemanns Hannes Kröger in Helmut Käutners *Große Freiheit Nr. 7*.

Albers hielt gleichzeitig mit seiner Meinung über »Dr. Göhbels« und »Herrn Hitler« nicht hintern Berg. Ja, Albers spottete offen, auch am Set vor Kolleginnen und Kollegen, über das Regime.[218]

Es schien ihn nicht zu kümmern, wer ihm zuhörte, Albers wusste, dass ihn das Regime brauchte, und so schien er sich auch sicher zu sein, dass seine Kooperation mit Goebbels nach seinen eigenen Bedingungen möglich war. Seine immense Beliebtheit war Albers' großes Glück: Weniger Bedeutung für das deutsche Kino, und Albers' überaus spöttisches Wesen hätte ihn mit Sicherheit das Leben gekostet.

Das Selbstverständnis des Schauspielers gegenüber dem Regime lässt sich besonders gut mit der Affäre rund um den Besuch des bulgarischen Königs Boris III. in München im Frühjahr 1943, zwei Monate nach der Premiere des Filmes *Münchhausen,* erklären: Albers wurde ersucht, seine Hotelsuite in München für den mit Deutschland verbündeten König zu räumen. Seine kurze und eindeutige Antwort: »Ich bin selber König.«

Diese renitente Überzeugung, ihm selbst stünde alles zu, brachte Albers letztlich ein Verhör ein. Goebbels' rechte Hand, Hans Hinkel, war damit betraut, den Schauspieler zu befragen. Laut Hinkels Aufzeichnungen soll Albers mit den Worten »Was verschafft mir die Ehre?« zum Verhör erschienen sein.

Nach einigem Hin und Her, bei dem die Bedeutung des bulgarischen Königs besprochen wurde und Albers auf sein Recht pochte, seine Suite dem hohen Staatsgast nicht zur Verfügung stellen zu müssen, da es im gleichen Hotel noch ähnlich gute Räumlichkeiten gab, soll sich der Schauspieler mit den Worten »Das war alles, was Sie mir zu sagen hatten?« verabschiedet haben.[219]

Im Propaganda-Ministerium war man sich einig: Albers verdiente nach dem Skandal um die Münchner Hotelsuite eine gehörige Abreibung und wenigstens Kürzungen seiner exorbitanten Gagen.[220] Ein Vorhaben, das Goebbels bereits 1937 in seinem Tagebuch vermerkt hatte: »Die Gagen müssen runter. Vor allem für Albers.«[221]

Dennoch geschah erneut nichts, was dem Star schadete, und dies sollte auch so bleiben. 1943 wurde zum 25-jährigen Bestehen der Ufa von Goebbels ein ganz besonderer Film in Auftrag gegeben. Der Farbfilm *Münchhausen* sollte mit Albers in der Titelrolle ein filmisches Fest der Ablenkung werden. Tatsächlich klingen in diesem Fantasyfilm, in dem Albers als Münchhausen auf einer Kanonenkugel reitet, auch subversive Töne an: »Die Zeit ist kaputt«, so Albers als Lügenbaron bei einem Gespräch über eine nicht funktionierende Uhr.[222] Gerade nach dem durchschlagenden Erfolg von *Münchhausen,* dessen Drehbuch übrigens Erich Kästner unter dem Pseudonym »Berthold Bürger« verfasste, konnte man Albers nicht Herr werden, er war für die Beschwichtigungs- und Durchhaltepropaganda einfach von zu großer Bedeutung.

Kurze Zeit nach der Münchhausen-Premiere begannen die Dreharbeiten zu *Große Freiheit Nr. 7*, der auf Betreiben von Großadmiral Karl Dönitz letztlich nicht mehr in Hitlers Deutschland in die Kinos kam, sondern nur in den besetzten Gebieten gezeigt wurde. Für den Geschmack der Nazis war der Film zu düster und darüber hinaus moralisch äußerst bedenklich: Deutsche Seeleute tranken nicht und deutsche Frauen gingen nicht mit Männern bereits nach kurzer Bekanntschaft ins Bett.

Dieser noir-anmutende Film, den man zu einer Zeit, in der Durchhalteparolen an der Tagesordnung standen, nicht brauchen konnte, war dabei mit Sicherheit Albers' bester Film. Während des Krieges wurde der Film nur in Prag gezeigt. In Deutschland feierte der Film erst am 9. September 1945 in Westberlin seine Premiere.[223] Auch wenn Albers mit anderen Filmen und vor allem am Theater wie mit Molnars *Liliom* weiterhin größere Erfolge feierte: *Große Freiheit Nr. 7* bleibt wohl bis heute der Film, der Albers' Karriere nach 1945 prägte und mit dem man den Ausnahmeschauspieler bis heute am stärksten assoziiert.

Im Fokus des Propagandaministers

Albers ging weder in den Untergrund wie sein Kollege Hans Otto, noch ins Exil wie Conrad Veidt. Zwölf lange Jahre spielte der renitente Schauspieler ein spöttisches Katz-und-Maus-Spiel mit Goebbels und genoss gleichzeitig die Ehrerbietung, die ihm vom deutschen Publikum entgegengebracht wurde. Arrangiert und gefeiert und doch von einer Haltung, die zwar nicht von Widerstand gegen die Nationalsozialisten zeugt, sondern als gelebter Dissens verstanden werden kann.

Der Hass des Propagandaministers war Albers schon kurze Zeit nach der »Machtergreifung« sicher. Es war allgemein bekannt, dass Albers' Lebensgefährtin Jüdin war. Eine Tatsache, die Goebbels ganz und gar nicht gefiel. Auch wenn Burg und Albers nicht verheiratet waren, so waren sie als »gemischtrassiges« Paar einfach zu prominent.

Die braune Elite verlangte von den Stars vorbildhaftes Verhalten und damit auch »rassisch« einwandfreie private Beziehungen. Wer diesen immanenten Forderungen des Regimes nicht nachkam, riskierte nicht nur in Ungnade zu fallen, sondern auch schwere Strafen.

Bei Burg und Albers kam hinzu, dass »Hanne« offensichtlich, anders als andere Schauspieler, keinerlei Bedürfnis hatte, Goebbels zu gefallen.

Albers ging es nie um ein gefälliges Wohlwollen des Propagandaministers, sondern lediglich um sein begeistertes Publikum und vor allem um sich selbst. Für ihn war es in keiner Weise selbstverständlich wie für andere SchauspielerInnen, dem NS-Regime loyal gegenüber auftreten zu wollen. Er hatte genug damit zu tun, seine Abneigung gegen die braune Elite bis zu einem gewissen Grad zu unterdrücken.

Goebbels verlangte von seinen Stars keine Parteimitgliedschaft, Zugeständnisse an die Forderungen des Systems waren aber mehr als gerne gesehen. Und wer dem nicht entsprach, wie es eben auch Albers nicht tat, der konnte auf ein wohlwollendes Entgegenkommen nicht zählen. Im Fall Albers-Burg gab es für den Propagandaminister demnach nur eine einzige logische Konsequenz: Er forderte die Trennung des Paares.

Albers wurde zwar nicht zu Hinkel ins Ministerium zitiert, Goebbels' Agenten machten ihm aber die Aufwartung und überbrachten die unmissverständliche Botschaft des Ministers. Der

Schauspieler soll sie vor die Tür gesetzt haben, so unangreifbar fühlte er sich.[224]

Hansi und Hans sahen sich durch die wiederholten Angriffe genötigt, ihre Verbindung zu schützen. So entschieden sie, dass Burg zum Schutz vor den NS-Behörden den Norweger Erich Blydt heiraten sollte, womit sie mit einer durch die Eheschlie-ßung erworbenen norwegischen Staatsbürgerschaft vor der Verfolgung durch den NS-Staat sicher war. Damit wäre alles in wunderbarer Ordnung gewesen, jedenfalls nach den Vorstellun-gen Albers'.

Er schrieb also am 15. Oktober 1935 an Goebbels:
   »Sehr verehrter Herr Reichsminister!
   In Erfüllung meiner Pflicht gegen den nationalsozialistischen Staat und in dem Bekenntnis zu ihm, habe ich meine persönlichen Beziehungen zu Frau Hansi Burg gelöst. Ich darf Sie, geehrter Herr Reichsminister, nunmehr bitten, daß unter der veränderten Sachlage der nationalsozialistische Staat auch mir den Schutz angedeihen läßt, den er seinen Künstlern gibt.
   Heil Hitler! gez. Hans Albers«.[225]

Goebbels war zufrieden, der widerspenstige Albers hatte sich endlich gefügt. Schon tags darauf schrieb der Minister dem Schauspieler und versicherte ihm nach der *»veränderten Sachlage selbstverständlich wie jedem anderen Künstler den Schutz des nationalso-zialistischen Staates und meiner Person geniessen. Sollten Sie im Einzelfall seiner bedürftig sein, so bitte ich um gefl. Mitteilung.«*[226]

Die Zufriedenheit des Ministers hielt allerdings nicht lange an: Goebbels erfuhr durch Spitzel, dass die Trennung von Hans und Hansi nur für die Öffentlichkeit inszeniert war und sie weiter-hin in der Kladower Villa am Wannsee lebten, und dass das Paar auch gar nicht sonderlich geheim weiterhin miteinander Reisen unternahm.[227] Dass Albers den Propagandaminister offensichtlich an der Nase herumführte, war für die bereits angeschlagene Beziehung zwischen Goebbels und dem Superstar nicht besonders hilfreich.

Um weiteren Kontrollen durch den Staat zu entgehen, kaufte Albers in Garatshausen, nahe Tutzing am Starnberger See, ein Anwesen, in dem er mit Hansi unbehelligt zusammenleben konnte. Fernab Berlins entgingen die beiden der möglichen Einflussnahme des NS-Apparates auf ihr Privatleben. Für Hansi Burg wurde das Leben trotz der hilfreichen Schutzehe mit Blydt jedoch nicht einfacher.

Dabei war sie nicht die einzige Jüdin, die in Nazideutschland diese Art von Schutzehe einging, um vor Übergriffen sicher zu sein und unbehelligt ausreisen zu können. Für Frauen war dies oft die einzige Möglichkeit, um sich in Sicherheit zu bringen. Hatte man einen Scheinpartner aus dem sicheren Ausland – sehr oft waren es Skandinavier –, die sich auf Scheinehen mit Jüdinnen aus Deutschland und Österreich einließen, gefunden, musste alles sehr schnell gehen. Bereits verheiratete Frauen mussten sich erst scheiden lassen, wie z.B. Maria Bernheim von Heinz Rühmann, und dann so rasch wie möglich heiraten, um einer möglichen Gefährdung durch das Regime zu entgehen. Auch unter Homosexuellen waren Schutzehen in Nazideutschland durchaus üblich.[228]

Hansi konnte nicht mehr offiziell an Hans' Seite in der Öffentlichkeit auftreten und empfand ihr Dasein mehr und mehr als das einer Ausgegrenzten und Geächteten. Was ihr an Leben an Hans' Seite geblieben war, empfand Hansi als sinnlos: »*Wozu hat man gelebt, wenn man nicht erreicht hat über diese ganz persönlichen Gefühle selbst entscheiden zu dürfen?*«,[229] schrieb sie in einem Brief an Albers. Wie intensiv die Diskussionen und Überlegungen waren, gemeinsam ins Ausland zu gehen, kann nicht belegt werden.

Dass Hansi und Hans darüber sprachen steht außer Frage, nicht zuletzt auch wegen der geflüchteten Freunde, die es nach England und in die USA geschafft hatten.

Kurz vor Weihnachten 1938 packte Hansi ihre Sachen. Ihre Ausreise aus Deutschland wurde der durch die Hochzeit zur norwegischen Staatsbürgerin gewordenen Burg nicht verwehrt. In ihrem undatierten Abschiedsbrief *»Siehst Du, nun habe ich mir vorgenommen nicht so traurig zu schreiben und es geht nicht anders«*[230] versuchte sie Hans schweren Herzens zu erklären, warum sie nicht mehr in Deutschland und bei ihm bleiben konnte: *»Ich bitte Dich Hans um viel Nachsicht für mein armes dummes Herz, das ja nur dich so unendlich lieb hat.«*[231]

Dass Albers Hansis Flucht organisierte und sie im Exil finanziell unterstützte, wie ihm wiederholt zugeschrieben wurde, ist nichts als eine romantisch-widerständige Verklärung des Schauspielers. Die Flucht wurde alleine von Hansi geplant.

Es war allein ihre Entscheidung, da ein Leben, wie sie mit Hans leben wollte, in Deutschland für sie nicht mehr möglich war. In ihrem Abschiedsbrief schrieb Hansi Burg von seiner Arbeit und deren Bedeutung. Damit unterstrich sie ihr Verständnis für seine Entscheidung, in Hitlerdeutschland zu bleiben und nicht mit ihr, der Liebe seines Lebens, in die Emigration zu gehen. Konnte er für Hansis unausweichlich notwendige Entscheidung ein ähnliches Verständnis aufbringen? Belege dafür gibt es nicht.

Die Trennung

Sowohl Hans als auch Hansi gingen davon aus, dass das »Dritte Reich« nicht mehr lange andauern konnte und eine Trennung nur von kurzer Zeit sein sollte. Somit dürfte Hans Albers die Flucht seiner Partnerin 1938 nicht ganz unvorbereitet getroffen haben. Dennoch wusste er nicht, wohin Hansi emigriert war. Was Albers für acht Jahre blieb, war nichts als der tieftraurige Abschiedsbrief Hansis.

Nach Burgs Flucht vermischte sich Albers' schnoddrige, selbstgefällige Art mit der von Hansi später erwähnten Melancholie. Und er verkniff es sich nicht, auf seine selbstbezogene Art und Weise den Verlust seiner Partnerin öffentlich zu betrauern.

»Kinder, ich finde alles ganz großartig, nur zwei Sachen müßten anders sein. Einmal müßte meine Hansi hier sein, denn die hat heute nur noch arisches Blut, nachdem ich jahrelang mit ihr

Schwierige Anziehung: Oliver (Hans Albers) und Madame Lilly (Charlotte Susa) kommen einander näher. Szene aus »Wasser für Canitoga« (1939).

zusammen war. Und dann reden Rundfunk und Zeitungen seit
Jahren dauernd von Hindenburg und Hitler, da gehöre ich doch
dazu, mein Name ist schließlich genauso bekannt.«[232]

Ging es tatsächlich nur darum, dass Hansi ihn verlassen hatte
und er nicht mehr ihr Lebensmittelpunkt war? Die Frau, die alles
für ihn getan hatte, war fort. Albers wusste nicht, dass sie nach
England flüchten konnte.

Von Oktober 1938 bis Februar 1939 drehte Hans Albers den Abenteuerfilm *Wasser für Canitoga* unter der Regie von Herbert Selpin,
der von 1938 bis 1941 der einzige Regisseur war, mit dem Albers
arbeitete. Ihr letzter gemeinsamer Film war der antibritische
Propaganda-Film *Carl Peters*.

Der Drehbuchautor Walter Zerlett-Oflenius denunzierte Selpin
wenig später, der sich während der Dreharbeiten zum Film *Titanic*
unüberhörbar über das Benehmen der Offiziere der Marine
und die »Scheißritterkreuzträger« beschwerte. Mit einer Geld-
strafe war es nicht getan, der Regisseur wurde am 30. Juli 1942 zu
Goebbels zitiert. Herbert Selpin verweigerte die Rücknahme seiner Äußerungen und wurde festgenommen. Am 1. August 1942
fand man den Regisseur erhängt in seiner Zelle. Die genauen Umstände seines Todes sind bis heute ungeklärt.[233]

Albers sang in *Wasser für Canitoga* eines seiner berühmtesten
Lieder, »Good Bye Johnny«. Wissend, dass Hansi während der
Dreharbeiten geflüchtet war, kann man sich des Eindrucks kaum
erwehren, als würde Hans dieses Lied vom Tod des Freundes
Johnny seiner geliebten Hansi nachsingen, in der Hoffnung, sie
wiederzusehen: »Eines Tages – mag's im Himmel sein? Mag's beim
Teufel sein? – sind wir wieder vereint«[234]

Albers zeigte sich in den Jahren ohne Hansi, wenn er in Berlin
war, auf eine ganz besondere Weise in der Öffentlichkeit, wie
sich der Autor und Journalist Walter Kiaulehn nach Albers' Tod

erinnerte: »Privat übrigens war er nie liebenswürdiger als in seiner schlimmsten Zeit. Nie sah man ihn in lauter Gesellschaft. Immer saß er, beispielsweise im Adlon Restaurant, für sich alleine an einem kleinen Tisch und betonte damit die Abwesenheit von Hansi Burg. Er war freundlich zu jedem, der ihn grüßte, blieb aber stets in seiner Isolation. Es war sein ständiger Protest.«[235]

Hans Albers hatte von Beginn seiner Karriere an getrunken. Mit der Flucht Hansi Burgs nahm seine Trinkerei jedoch bedrohliche Ausmaße an. Der beständig zunehmende Alkoholmissbrauch des Schauspielers zeigte bei Dreharbeiten seine bitteren Folgen. Albers, der immer schon Schwierigkeiten mit seinen Texten hatte, konnte sich kaum noch seine Zeilen merken. Der Einsatz hilfreicher Texttafeln während der Drehs für Albers wurde nachgerade inflationär.

Während sich Hans in Deutschland weiter feiern ließ und seine übliche Trinkerei sich zu einer schweren Alkoholabhängigkeit auswuchs, musste sich Hansi im englischen Exil vorerst auf die Unterstützung von Wohltätigkeitsorganisationen verlassen.

Es gab kein gut gefülltes Bankkonto der beiden im Ausland, auf das sie zurückgreifen konnte. Letztlich war es ihr möglich, eine Anstellung bei einer englischen Textilfirma zu finden, um dort in den Jahren ihres Exils ihr organisatorisches Talent einzubringen.[236]

Ehe der Krieg vorbei war und Hansi zu ihrem Geliebten zurückkehren konnte, spielte Hans weiter die von ihm verlangten Rollen und erging sich dabei in einem Kleinkrieg mit Goebbels, der den übergroßen Albers nicht loswerden konnte, ihn aber zu tiefst verachtete. Albers' überaus angespanntes Verhältnis zur NS-Elite machte es ihm unmöglich, Hansis Vater, seinem Mentor und guten Freund Eugen Burg zu helfen. 1943 wurde Burg gemeinsam mit seiner zweiten Frau ins KZ Theresienstadt deportiert und starb dort 73-jährig 1944 fast erblindet.[237] In Abwesenheit Hansis setzte

Albers, der seinen Charme weiterhin gekonnt einzusetzen wusste, wie gewohnt seine Affären fort. Die einzige nennenswerte unter diesen zwischenzeitlichen Beziehungen schien aber die zur Miedermacherin Mathilde, die mit ihm in der Villa in Garatshausen zusammenlebte.[238]

Seinen massiven Alkoholmissbrauch bekam Albers trotz dieser Beziehung nicht mehr in den Griff. Er trank nicht mehr nur den üblichen Cognac, wie früher. Albers' Trinkerei war in der Filmbranche ein offenes Geheimnis, wie sich der Filmproduzent Artur Brauner erinnerte.[239]

Wie lange der Krieg auch dauerte und wie sehr er sich auch mit den Herrschenden arrangiert hatte, Albers ließ niemanden darüber im Zweifel, dass er antisemitische Äußerungen ablehnte. Seine Schauspielkollegin Olga Tschechowa, die von Hitler hochgeschätzt wurde, erinnerte sich in ihren Memoiren an eine Essenseinladung bei Wilhelm Frick, dem Reichsprotektor von Böhmen und Mähren und ehemaligen Reichsinnenminister,[240] während Dreharbeiten in Prag, die sie gemeinsam mit Hans Albers in Ermangelung von Ausreden nicht abschlagen konnte und bei der es zum Eklat kam: »Nach dem Essen spöttelt ›Reichsprotektor‹ Frick über deutsche Schauspieler, die sich von jüdischen Frauen nicht scheiden ließen. (...) Als Frick weiterspöttelt, sagt Albers erzwungen ruhig: ›Herr Reichsprotektor, bei uns Schauspielern gibt es ein ungeschriebenes Gesetz: Über Abwesende lästern wir nicht ... Lassen Sie mich bitte ins Hotel fahren.‹ Frick wird einen Schein blasser und gibt Anweisung, einen Wagen bereitzustellen. Albers erhebt sich und geht. Ich schließe mich an. Im Hotel warten wir darauf, daß uns die Gestapo holt. Es geschieht nichts. Wir erfahren nie, welchem ›Wunder‹ wir das zu verdanken haben.«[241]

Hansis Rückkehr

Als er nach acht Jahren Nachricht von Hansi erhielt, geriet Albers' Welt, die er sich in den Kriegsjahren geschaffen hatte, völlig aus den Fugen. All die Jahre wusste er nicht, was mit ihr geschehen war – und nun erfuhr er, dass sie lebte und nach Deutschland zurückkehren wollte.

Was empfand Albers? War er erleichtert? Fürchtete er sich vor der Rückkehr Hansis? Wie stellte er sich ihr Wiedersehen vor? Was er tatsächlich empfand, kann nur gemutmaßt werden. Dass Hansis Rückkehr mehr als nur ein Wiedersehen einer längst vergangenen Beziehung nach den langen Jahren der Trennung werden sollte, stand von Beginn an außer Frage.

Hansi Burg versuchte schon bald nach Kriegsende nach Deutschland zurückzukommen, in London wurde ihr dazu aber keine Ausreiseerlaubnis erteilt. Mit Hilfe von Freunden gelang es ihr als Kriegsberichterstatterin, und damit als Angehörige der britischen Armee, im Rang eines Captains, im Mai 1946 zu Hans zurückzukehren.[242]

Albers stand vor vollendeten Tatsachen und plötzlich zwischen zwei Frauen, als Hansi in britischer Uniform in Garatshausen eintraf. Wie wurde das durchaus pikante Problem gelöst? Ganz einfach: Hansi beschloss, wieder bei Hans einzuziehen. Mathilde, die Miedermacherin, musste gehen. Es heißt, Hansi übernahm die Verabschiedung Mathildens. Albers sah nur zu und ließ Hansi machen.

Mit ihrer Rückkehr half Hansi der Karriere ihres Hans' ein zweites Mal. Denn für die Alliierten war klar: Wenn die jüdische Partnerin aus der Emigration geradewegs zu dem Schauspielstar der NS-Zeit zurückkehrte, konnte er nur einer von den Guten gewesen sein, trotz seiner Arrangements mit der braunen Elite.

Der aus der Emigration zurückgekehrte Schauspieler Fritz Kortner notierte zu Albers' Verhalten, dass ihm »das widerstandskräftige Verhalten meines Todfreundes Albers auch in Hollywood nicht entgangen war: Aus Gesprächen mit ihm erkannte ich, daß sich seine Abneigung gegen den Diktator Hitler auch auf den Publikumsliebling Hitler bezog. Er fand sich von ihm auch auf diesem Gebiet in den Schatten gestellt. Den Kampf Hitler-Albers um das Dienstmädchen gewann Hitler. Sieger blieb Albers.«[243]

War dies eine Entschuldigung dafür, dass Albers nicht emigrierte, sondern systemkonform in Nazideutschland seine Karriere weiterverfolgt hatte?

Albers Entnazifizierung ging rasch über die Bühne, und er konnte bald darauf auch schon in der Westzone vor der Kamera stehen. So setzte er seine Karriere im neu entstandenen Genre des »Trümmerfilms« zum Beispiel mit dem Film *Und über uns der Himmel* in der Nachkriegszeit erfolgreich fort.

Hansis Rückkehr spielte dabei keine zu unterschätzende Rolle. Antifaschistische FreundInnen und KollegInnen wie Carl Zuckmayer, Marlene Dietrich oder eben Fritz Kortner übernahmen die Funktion des Leumundes für Albers.

Sein künstlerischer Neuanfang im Nachkriegsdeutschland gestaltete sich nicht zuletzt wegen Hansi völlig anders als seiner in der Nazizeit erfolgreichen KollegInnen, deren Selbstverständnis gegenüber Goebbels sich deutlich von dem des Hamburger Fleischermeistersohns unterschied.[244]

Trotz der großen Freude über das Wiedersehen blieb die Beziehung zwischen Hans und Hansi getrübt. Sie hatte die Trennung und die Emigration nie verwunden und war morphiumsüchtig aus England zurückgekehrt. Albers selbst war mittlerweile schwer alkoholkrank.[245]

Die Heimgekehrte versuchte ihn zu überreden mit ihr, wie Gustav Knuth, in die Schweiz zu ziehen. Hans verweigerte erneut. Obwohl die Jahre nach Hansis Rückkehr aus dem Exil alles andere

als leicht für die beiden waren, kam es nicht zur Trennung. Hansi
und Hans hielten für weitere 14 Jahre aneinander fest, bis der Tod
sie schied.

Im Wiener Raimundtheater stand der 68-jährige Albers im März
1960 in Zuckmayers Stück *Katharina Knie* auf der Bühne. Es sollte
sein letzter Auftritt werden, brach er doch auf offener Bühne zusammen. Schuld waren innere Blutungen, verursacht durch seinen jahrelangen schweren Alkoholmissbrauch.

Wenige Monate später, am 24. Juli 1960, starb er in seinem
Haus am Starnberger See. Bei ihm: Hansi. Beigesetzt wurde der
›Hamburger Jung‹ am Ohlsdorfer Friedhof in seiner Heimatstadt
Hamburg.

Helmut Käutner, ein enger Freund des Verstorbenen und der
Regisseur von *Große Freiheit Nr. 7*, hielt die Grabrede. 10.000 Menschen gaben Albers das letzte Geleit, ganz Hamburg schien auf
den Beinen zu sein.[246]

Dankten ihm die Menschen so nur die Unterhaltung, die er ihnen über Jahrzehnte geboten hatte, oder auch, dass er das Gesicht
des »arrangierten Guten« in der Nazizeit gewesen war und ihnen
so eine Möglichkeit gab, mit ihren eigenen Arrangements in der
Nazizeit zurecht zu kommen?

Hans Albers hinterließ kein Testament. Es kam zu Streitereien
zwischen den Erben, bis Hansi eine Postkarte vorweisen konnte,
auf der Hans sie als seine zukünftige Erbin bezeichnete.[247]

Sie blieb, wo sie war, und lebte bis zu ihrem Tod im Jahr 1975 zurückgezogen am Starnberger See. 1971 verkaufte sie das Anwesen
an den Freistaat Bayern mit der Auflage, dass es öffentlichen Erho-
lungszwecken dienen sollte.

Hansi erhielt neben der Kaufsumme in bar und einem weiteren Wohnrecht auch eine lebenslange Rente. Der Umzug in die
Schweiz, den sie sich zu Hans' Lebzeiten gewünscht hatte, war

kein Thema mehr. Sie blieb in jenem Haus, das er für sie beide gekauft hatte, um vor den Berliner Spitzeln in der NS-Zeit abgeschirmt zu sein.

Hansi wurde nicht neben Hans in Hamburg beigesetzt. Ihr Grab findet sich am Friedhof im bayrischen Tutzing. Die einfache rote Marmorplatte auf Hansi Burgs Grab, auf der lediglich ihre Geburts- und Sterbejahre und ihr Name vermerkt sind, beantwortet auch die Frage, ob sie Hans denn hätte heiraten wollen. Hier ist ihr Name vermerkt, wie sie ihn zu Lebzeiten nicht tragen konnte: Hansi Burg-Albers, 1898-1975.

Hans Albers und Hansi Burg, 1931.

Heinz Rühmann und Hertha Feiler, 1957.

»UND WENN DIE GANZE WELT ZUSAMMENFÄLLT«[248]

Maria Bernheim, Hertha Feiler und Heinz Rühmann

»Heinz Rühmann klagt uns sein Eheleid mit einer Jüdin. Ich werde ihm helfen. Er verdient es, denn er ist ein ganz großer Schauspieler«, notierte Propagandaminister Goebbels am 6. November 1936 in sein Tagebuch.[249]

Das von Goebbels angesprochene »Eheleid« Rühmanns betraf seine Ehe mit Maria Bernheim, mit der er seit 1924 verheiratet war. Das Paar lernte sich ein Jahr zuvor kennen. Wo genau sie einander erstmals trafen, lässt sich nicht belegen, höchstwahrscheinlich begegneten sich der 1902 in Essen zur Welt gekommene Heinz und die vier Jahre ältere Maria zum ersten Mal im Münchner Prinzregententheater.[250]

Der junge Rühmann sammelte erste Theatererfahrungen 1920 in Wrocław, dem damaligen Breslau, und stand, ehe er nach München ans Theater kam, in Hannover an der Seite von Theo Lingen, mit dem er später auch gemeinsam für die Ufa drehen sollte, auf der Bühne.

Maria Bernheim, die gebürtige Münchnerin, arbeitete, als sie Heinz kennenlernte, selbst als Schauspielerin und trat unter ihrem Künstlernamen Maria Herbot auf. Nach der Eheschließung am 9. August 1924 übernahm sie selbst kaum noch Rollen, sondern beschäftigte sich vielmehr mit der Karriere ihres Mannes. Ihr wird ein sehr starker Einfluss auf Rühmanns Schauspielkunst und seine frühe Karriere zugeschrieben, war sie alleine schon durch ihren Altersvorsprung weitaus lebens- und bühnenerfahrener als Heinz.[251]

Maria beeinflusste ihren schauspielenden Ehemann aber nicht nur auf künstlerischer Ebene positiv. Sie übernahm in den Zeiten, als seine Karriere noch nicht so recht in Schwung kommen wollte, weit mehr als die üblichen Aufgaben der fürsorgenden Ehefrau: Sie wurde zu diesem Zeitpunkt zwar noch nicht Rühmanns Managerin, die die Kontrolle über seine gesamten beruflichen Belange hatte – diese Funktion übernahm sie erst in späteren Jahren ihrer Ehe. Maria Bernheim war schon bald Heinz Rühmanns »Mentalcoach« und Privatregisseurin. Der Erfolg Rühmanns an den Münchner Theatern brachte ihn in den späten 1920er-Jahren nach Berlin, die *eine wahre* Theaterstadt Deutschlands. So maßgeblich Wien im westlich geprägten Kulturkreis um 1900 war, so bedeutend und einflussreich war Berlin in den 1920er-Jahren.

Die bis heute anhaltende Ruhelosigkeit der Stadt gipfelte damals vor allem in den Künsten. Nirgendwo sonst gab es so vielfältiges Theater wie in der deutschen Hauptstadt. Egal ob Sprech- oder Musiktheater, das Berliner Publikum wurde Zeuge der aufregendsten Entwicklungen, waren doch die maßgeblichen Regisseure jener Zeit wie etwa Max Reinhardt in Berlin tätig,[252] bei dem Heinz Rühmann wie viele andere junge Schauspieler auf der Bühne stehen wollte.

SchauspielerInnen aus dem ganzen deutschen Sprachraum und darüber hinaus drängten nach Berlin. Und wer dort nicht nur mit kleinen Gelegenheitsjobs von der Hand in den Mund leben musste, sondern wie Rühmann neben erfolgreichen Verpflichtungen auf Berliner Bühnen auch noch in München auftrat, konnte das Treiben der Metropole in all seiner Rohheit und Frivolität genießen und wurde nicht davon fortgerissen.

Es war der Tonfilm, der aus Rühmann, dem Theaterstar, einen Filmstar machen sollte, ja vielleicht genau den einen Schauspieler, den die Deutschen über seinen Tod hinaus als den »Ihren« verehrten und vereinnahmten wie keinen anderen.

Das war nicht etwa so, weil Rühmann so leutselig gewesen wäre, wie vielleicht der rohe und doch so melancholische Hans Albers, sondern weil er den durchschnittlichen Deutschen verkörperte

„Hauptsache, glücklich"

Heinz Rühmann

wie kein anderer Schauspieler vor ihm und kein anderer nach
ihm. Auch das ständige kecke Zwinkern, das andeutungsweise
in seinen Augenwinkeln lag, öffnete dem Schauspieler wohl eine
Unzahl an Herzen. Der kleingewachsene, bubenhafte Rühmann
bot dem deutschen Massenpublikum kein heroisches Vorbild,
dem man nacheifern konnte, sondern stellte vielmehr Charaktere dar, die seinem Publikum zur Identifikation dienten, über die
Weimarer Republik und Nazideutschland hinaus.

Bezeichnend für seine Bedeutung ist auch die Tatsache, dass
Rühmann 1995 posthum mit der Goldenen Kamera als »Größter
deutscher Schauspieler des Jahrhunderts« ausgezeichnet wurde.
Dass er dabei aber auch der blieb, mit dem sich ganze Genera-
tionen Deutscher identifizieren konnten, mag durchaus auch
mit seiner Position in Nazideutschland in Zusammenhang stehen. Und mit seinem Auftreten. Er war nicht wie Albers der
»Hoppla-jetzt-komm-ich«-Held und dabei das Ideal des deutschen Mannes, der sich von keinem Hindernis aufhalten ließ
und dazu noch groß und blond war. Rühmann stellte auch nicht
den mit Leichtigkeit und Charme ausgestatteten Willy Fritsch
in Frage. Er war durch sein Äußeres auf die Rolle des durchschnittlichen Mannes festgelegt. Den leidenschaftlichen Liebhaber und Grand Seigneur, wie ihn etwa Willy Birgel in der NS-
Zeit verkörperte, nahm Rühmann niemand ab. Nicht umsonst
wurde sein monoton vorgetragener, das gängige Männlichkeits-
verständnis karikierender Schlager »Ich brech' die Herzen der
stolzesten Frauen« aus dem Film *Fünf Millionen suchen einen Erben*
im Jahr 1938, verfasst von Bruno Balz, wohl sein berühmtestes
Gesangsstück.

Durch den Erfolg und seine Kontakte zur NS-Elite lebte der in
sehr bescheidenen Verhältnissen zur Welt gekommene Rühmann
vor, dass auch für die Kleinbürger mit ausreichend Engagement
jede Karriere möglich war.

Das frühe Talent

Rühmann hatte nicht das Glück, auf die Ressourcen einer wohlhabenden Familie zurückgreifen zu können, wurde aber auch
nicht damit konfrontiert, eine von den Eltern vorgesehene Karriere einschlagen zu müssen, die ihm völlig verleidet war. Heinz
verbrachte vielmehr einen guten Teil seiner Kindheit in der Gastwirtschaft seines Vaters am Bahnhof von Wanne-Eickel im nörd-
lichen Ruhrgebiet, dessen Vorplatz heute den Namen des Schauspielers trägt.

Es heißt, »der Heinz« hätte sein Talent schon früh zum Besten gegeben. Sein Vater weckte den bereits schlafenden Buben
und holte ihn in die Gastwirtschaft, um die anwesenden Gäste
zu unterhalten.[253] Wie bei Lotte Lenya hatte auch in der Karriere
Rühmanns der Vater den ersten wichtigen Impuls gegeben, wenn
auch weitaus unterstützender als es der Vater Lenyas jemals
konnte. Der große Erfolg mit der Gaststätte und weiteren Restau-
rants und Cafés blieb für Vater Rühmann jedoch aus. Heinz' Eltern
ließen sich 1913 scheiden. Rühmanns Vater nahm sich 1915 in Berlin das Leben. Wurde dessen Scheitern letztlich zum Antrieb für
Rühmanns eigene glänzende Karriere?

1931 stand Heinz Rühmann an der Seite des bereits überlebensgroßen Hans Albers in *Bomben auf Monte Carlo* vor der Kamera.
Noch war keine Rede davon, dass sich hier zwei Superstars Seite
an Seite durch die Filmoperette spielten. Auch während der NS-
Zeit wurde auf das Gespann Albers/Rühmann nicht verzichtet:
1937 folgte ihre höchst erfolgreiche Krimikomödie *Der Mann, der
Sherlock Holmes war*, aus dem der gemeinsame Schlager »Jawohl
meine Herren« stammte. Zu diesem Zeitpunkt war Rühmann
längst in die erste Riege der deutschen Filmstars aufgestiegen.
Auch nach Kriegsende standen die beiden Schauspieler für den
Film *Auf der Reeperbahn nachts um halb eins* erneut gemeinsam vor

der Kamera. Der Erfolg gab dem ungleichen Gespann Albers/
Rühmann recht, dennoch: Dass aus der wiederholten Zusammenarbeit eine enge Freundschaft entstanden wäre, kann von Albers
und Rühmann nicht behauptet werden.[254]

Seinen großen Durchbruch erlebte Rühmann nicht am Theater,
sondern beim Film. Nach zwei Stummfilmen katapultierte ihn
sein erster Tonfilm, der gleichzeitig einer der erfolgreichsten
deutschsprachigen Filme der beginnenden 1930er-Jahre war, in
die erste Riege der deutschen Schauspieler: *Die Drei von der Tankstelle,* bei dem er an der Seite des frühen Traumpaars der Ufa,
Lilian Harvey und Willy Fritsch unter der Regie von Wilhelm
Thiele, das Publikum begeistern konnte.

Bereits in diesem ersten großen Tonfilm-Schlager der Ufa zeichnete sich Rühmanns Repertoire für die nächsten Jahre ab: Spitz-
bübisch und scheinbar unbeabsichtigt lustig, wurde er bald von
Millionen von deutschen KinogängerInnen geliebt und verehrt.

*Rühmann und Albers in »Der Mann der Sherlock Holmes war« (1937), einem ihrer gemein-
samen Kassenschlager.*

Maria Bernheim war mit Rühmann nach Berlin gezogen und wurde mit dem stetigen Erfolg, den er beim Tonfilm und am Theater hatte, seine Managerin. Ihr Bruder Otto, ein erfolgreicher Filmkaufmann, unterstützte sie dabei maßgeblich und übernahm,

Willy Fritsch, Oscar Karlweis und Heinz Rühmann in »Die Drei von der Tankstelle« (1930).

als Heinz Rühmanns Karriere beim Film durchstartete, die Haupt-
agenden. Ihre eigene Schauspielkarriere hatte Maria Bernheim
aufgegeben.[255]

Während sie sich um die praktischen Seiten seiner Karriere
kümmerte, ließ sich Rühmann vom aufregenden Berlin mitrei-
ßen. Die Entfremdung der beiden Eheleute schritt voran. Diese
basierte zu Beginn vor allem auf künstlerischen Fragen, war
Maria doch der Ansicht, Heinz wäre als Schauspieler zu unkritisch
den angebotenen Stoffen begegnet und hätte sich weit mehr von
seiner eigenen Eitelkeit leiten lassen, als von künstlerischen Be-
weggründen. Die Ehe Bernheim/Rühmann schien für den Schauspieler, wie er später betonte, aus künstlerischen und weniger aus
politischen Gründen ein Ende gefunden zu haben. Allerdings ist
die Tatsache, die er nicht leugnete, dass er die Angst Marias vor
den vermehrten, politisch motivierten Unruhen und den antisemitischen Übergriffen der Nationalsozialisten nicht in dem Aus-
maß ernst nahm, wie es für seine Ehefrau wichtig gewesen wäre,
nicht zu unterschätzen. Da war Marias Angst vor den Nationalsozialisten, dort Heinz' Angst davor, seine aussichtsreiche Karriere
aufs Spiel zu setzen. Konnte das weiter gut gehen? Im Fragebogen
zu seinem Beitritt in die Reichskulturkammer vom 3. Oktober 1933
schrieb Rühmann, dass er Mitglied im »Kampfbund für deutsche
Kultur« (kurz: KfdK) sei. Gleichzeitig fehlt bei seinem Fragebogen
jedoch, wie bei anderen Stars oft üblich, die »rassische« Erklärung
zu sich selbst und seiner Frau. Hier findet sich in der Kategorie
»Rassische Abstammung und Religion der Ehefrau« seit 1917 »keiner Religionsgemeinschaft« angehörig. Von »vorher israelitisch«
keine Rede. Auch bei Rühmann selbst sucht man vergeblich den
Eintrag »arisch«.[256]

Der Eintrag zu seiner Mitgliedschaft im KfdK wurde bei
Rühmanns Entnazifizierungsverfahren ein zentraler Punkt. Ei-
desstattlich erklärte er, dass er diesen Eintrag nur getätigt hätte,

da er glaubte, dort nicht aufgenommen zu werden, falls er nicht irgendeiner nationalsozialistischen Organisation angehörte, besonders da er mit einer »Volljüdin« verheiratet war. »Diese Frage habe er mit seiner damaligen Frau erörtert«, so das Protokoll. Die Alliierten glaubten ihm, da keine Belege auffindbar waren.[257]

Dass sich unter Rühmanns FreundInnen und KollegInnen viele Juden befanden, verwundert wenig, arbeiteten doch viele Juden und Jüdinnen vor der »Machtergreifung« Hitlers am Theater und für den Film. Unter seinen engeren Freunden befand sich etwa Otto Wallburg, der 1944 in der holländischen Emigration nach Auschwitz verschleppt und dort vergast wurde. Wie Wallburgs Sohn Klaus Peter in der Dokumentation *Verschwundene Lieblinge* betonte, hielt Rühmann seinem emigrierten Freund nicht, wie von Wallburg erhofft, »die versprochene Treue«.

Rühmann hatte Wallburg zugesagt, er würde ihn in Amsterdam besuchen und ihm auch Lebensmittel bringen, die für den im Untergrund lebenden Schauspieler kaum zu beschaffen waren. Tatsächlich traf Rühmann nie bei Wallburg ein. Rühmann soll ihn nicht gefunden haben. Dass er in der Stadt gewesen war, erfuhr Wallburg durch Dritte.[258] Seinem ältesten Sohn Reinhard, der in Frankreich lebte, schrieb Wallburg 1942: »*Steinhoff war hier (d.i. Amsterdam), auch Rühmann, aber beide haben sich nicht gemeldet.*«[259]

Dass auch andere jüdische FreundInnen und KollegeInnen nicht mehr mit ihm vor der Kamera standen, war Rühmann nicht entgangen. Rühmann reagierte allerdings darauf nicht wie etwa Albert Bassermann.

»Jüdisch versippt«

Dass sich Rühmann bereits 1936 von Maria scheiden lassen wollte, wie die Tagebucheintragung Goebbels' vermuten lassen würde, ist nicht belegbar. Die eingangs erwähnten Beschwerden

Rühmanns gegenüber dem Propagandaminister entsprachen
wohl weitaus eher dem Druck, dem der Schauspieler ausgesetzt
war, und seinen Schwierigkeiten, mit diesen Anfeindungen zurecht zu kommen.

Es darf angenommen werden, dass Rühmann zu dem Zeitpunkt
noch keine Scheidung von Maria wollte. Schutz für seine Frau und
ihn selbst vor den Übergriffen und weniger Druck aus dem Propagandaministerium hätten einstweilen wohl schon genügt.

Nach der »Machtergreifung« wurde Rühmann, wie vielen anderen »arischen« Künstlerinnen und Künstlern, die jüdische Partner-
Innen hatten, nahegelegt, er möge sich von seiner »nichtarischen«
Ehefrau trennen. NS-Medien hielten sich mit ihren Anwürfen
gegenüber Rühmann keineswegs zurück, vor allem *Das Schwarze
Korps*, das Propaganda-Blatt der SS, hatte ein besonderes Auge
auf Rühmann geworfen. Am 28. August 1935 hieß es da: »Heinz
Rühmann und Albert Lieven sind mit Jüdinnen verheiratet. Ist es
nun ein Mangel an Taktgefühl oder Klugheit, wenn sich einer die-
ser Künstler bei nationalsozialistischen Veranstaltungen in den
Vordergrund drängt?«[260]

Wer war nun wirklich gemeint? Lieven, der 1936 mit seiner jüdischen Ehefrau Tatjana Deutschland verließ und über Frankreich
nach London emigrierte, wo er am Theater arbeitete und für das
German Service der BBC tätig war, oder Rühmann? Hetze funktionierte immer schon so, denn einer der an Bedeutung zunehmenden Filmstars durfte in Nazideutschland nicht mit einer »Volljüdin« verheiratet sein. So etwas hatte es im nationalsozialistischen
Deutschland nicht zu geben, widersprach es doch allem, was das
Regime von seiner »Volksgemeinschaft« verlangte.

Als es 1934 zur »Gleichschaltung« in der deutschen Filmindustrie kam, wurde Rühmann vom Leiter der Reichsfilmkammer Carl
Auen auch aus anderen Gründen gewarnt. Würde er die Zusammenarbeit mit seinem jüdischen Schwager Otto Bernheim nicht

beenden, wäre sein Ausschluss aus der »Reichsfachschaft Film« beschlossene Sache. Sowohl Bernheim als auch Rühmann stritten die gemeinsame Arbeit ab und beendeten diese auch in Folge. Ein Jahr später emigrierte Otto Bernheim nach England.[261]

Eindrücklichen Aufforderungen des Regimes, er solle sich von seiner Ehefrau trennen, kam Rühmann trotz der massiv fortschreitenden ehelichen Entfremdung nicht nach. Er schien noch keine Schwierigkeiten mit den getroffenen Arrangements zu haben: Er lebte privat nicht mehr mit Maria zusammen und war angetrieben, Karriere zu machen. Dass Rühmann gleichzeitig aber nicht bereit war, seine Frau, mit der die Ehe nur mehr auf dem Papier bestand, völlig im zu Stich lassen, zeigte sich 1938, als das Regime neue Schikanen gegenüber Juden und Jüdinnen in Deutschland einführte.

So kam Rühmann das Engagement bei Gustaf Gründgens am Preußischen Staatstheater ab Anfang 1938 sehr gelegen, war es doch ein offenes Geheimnis, dass Gründgens durch die Patronanz Görings weitgehend freie Hand hatte, um jüdische, »halbjüdische« und »jüdisch versippte« SchauspielerInnen und deren Familien Schutz zu gewähren.

Auch wenn Rühmann wegen seiner Ehe mit Maria Bernheim nicht in die für »deutschblütige« Künstler vorgeschriebene Reichskulturkammer eintreten konnte und auf Sondererlaubnisse angewiesen war, so gehörte er mit Sicherheit nicht zu den »verjudeten« KünstlerInnen, die zurücksteckten und sich wegen den in Nazideutschland üblichen Diskriminierungen von KünstlerInnen verkrochen.

Rühmann erschien, wo es für seine Karriere von Vorteil sein mochte, egal ob es die Teestunden des Propagandaministers waren, zu denen letztlich nicht jeder Ufa-Künstler eingeladen worden war, oder auch zu den Empfängen in der Reichskanzlei.

Fotos, die Rühmann etwa im Gespräch mit Göring zeigen oder
bei PR-Aktionen für das Regime mit Hitler selbst, lassen keinen
Rückschluss zu, dass ihm der Kontakt zur NS-Elite schwergefal-
len wäre. Solche Auftritte gehörten für Stars wie Rühmann zu den
eingegangenen Verpflichtungen gegenüber dem System.

*Rühmann mit Sammelbüchse am »Tag der nationalen Solidarität« mit Adolf Hitler,
rechts Hitlers Adjudant Julius Schaub, 1. Mai 1937.*

Die NS-Führung wusste dabei ihre LieblingskünstlerInnen mit Vergünstigungen und Bevorzugungen zu beeinflussen. Hitler verfügte über einen Fonds, aus dem steuerbefreite Beträge in der Höhe von jeweils 30.000 bis 60.000 Reichsmark ohne großes Aufheben an die betreffenden KünstlerInnen wie etwa Emil Jannings, Wolfgang Liebeneiner, Veit Harlan, Leni Riefenstahl, Gustav Ucicky, Carl Fröhlich und eben auch Heinz Rühmann ausgezahlt wurden.[262] Rühmann gehörte zu einem ausgewählten Kreis an Kunstschaffenden, dem neben Steuererleichterungen eine ganz besondere Bevorzugung finanzieller Art zuteil wurde. 1940 erhielt Rühmann aus diesem Fonds 40.000 Reichsmark.[263]

Hans Albers, der Superstar der Ufa, gehörte nicht zu diesem bevorzugten Kreis. Zu renitent und dem System gegenüber zu überheblich abgegrenzt brachte sich der Hamburger um diese großzügigen steuerfreien Zuwendungen.

Jene, die nicht über den Superstar-Status eines Albers verfügten und damit auch auf Solidaritätsbekundungen gegenüber dem Regime nicht verzichten konnten, wussten, dass eine gewisse Präsenz bei den verschiedensten Einladungen seitens des Propagandaministers so etwas wie eine Versicherung war, um weitaus mehr Freiheiten im eigenen künstlerischen Schaffen zugebilligt zu bekommen und nicht wie Renate Müller nach dem Ablehnen von Einladungen in die Reichskanzlei unter Beobachtung durch die Gestapo gestellt zu werden.[264]

Wer bei den Empfängen des Propagandaministers regelmäßig anwesend war und sich auch sonst nicht zierte, wenn Goebbels rief, konnte sich des Wohlwollens des Regimes sicher sein. Rühmann war einer, der das System für sich zu nutzen wusste.

Da der Schauspieler, der durch seine Ehe mit einer »Volljüdin« nach den »Nürnberger Gesetzen« als »jüdisch versippt« galt, erhielt er, wie Hans Moser, dessen Ehefrau Blanca ebenfalls Jüdin war, eine widerrufbare Sondergenehmigung, um am Theater und im Film in Deutschland weiterarbeiten zu können.

Als im August 1938 die Zweitnahmen »Israel« und »Sara« für Juden und Jüdinnen verpflichtend wurden und nur zwei Monate später die Pässe jüdischer BürgerInnen Deutschlands mit dem »J« für Jude abgestempelt wurden, setzte sich Maria mit Heinz in Verbindung: Der Schauspieler bat seine Noch-Ehefrau nach Berlin und organisierte ein Abendessen mit Gustaf Gründgens zur Beratung, was zur Unterstützung Marias getan werden konnte.[265] Gründgens, so heißt es, soll Rühmann daraufhin einen Termin bei Hermann Göring auf dessen Landsitz Carinhall ermöglicht haben. Dort wurde dem Schauspieler vom Reichsmarschall der Hinweis gegeben, doch einen Ehemann für Maria zu suchen, der aus einem neutralen Land stammte. Durch diese Hochzeit wäre Rühmanns Noch-Ehefrau gerettet, denn Frauen nahmen in den 1930er-Jahren mit Eheschließung automatisch die Staatsbürgerschaft ihres Ehemannes an. Maria könnte so, wie Hansi Burg, unbehelligt weiter in Deutschland leben oder ohne Komplikationen ausreisen.

Auch bei nachfolgenden Gesprächen mit Goebbels, zu denen ihm ebenfalls geraten wurde, kam eine Verheiratung Maria Bernheims mit einem neutralen Ausländer zur Sprache. Der Schauspielstar sah in diesem Vorschlag die Antwort auf alle anstehenden Fragen. Maria würde in Sicherheit sein und er wäre frei für eine neue Liebe. Hertha Feiler und er waren zum Zeitpunkt seiner Scheidung von Maria bereits miteinander bekannt.[266] In seinen Erinnerungen erzählt Rühmann von den beiden Gesprächen. Mit Göring, der das Thema so rasch wie möglich abhandelte, und mit Goebbels, der nachfragte, wie Rühmann denn zu seiner Noch-Ehefrau stand. Dass hinter dem Interesse nach der Ehe und Liebe zwischen den Eheleuten ein Interesse in Goebbels' eigener Sache stehen mochte, schien Rühmann außer Acht zu lassen. War es denn so unbegreiflich, dass der oberste Filmherr Deutschlands eines seiner Zugpferde nicht mit einer Jüdin verheiratet wissen wollte?

Nach 14 Jahren wurde die Ehe zwischen Heinz Rühmann und Maria Bernheim am 19. November 1938, zehn Tage nach dem Novemberpogrom, geschieden. Knappe sechs Monate später, am 2. Mai 1939, heiratete Maria den schwedischen Schauspieler Rolf von Nauckhof, der übrigens neben Hertha Feiler unter der Regie von Heinz Rühmann in *Lauter Lügen* zu sehen war.[267]

Diese Ehe hatte einen einzigen Zweck: Schutz für Maria Bernheim, ganz dem Vorschlag Görings entsprechend. Marias Ehe mit dem Schweden bestand allerdings nur auf dem Papier. Sie blieb für die nächsten Jahre weiter in Deutschland, ließ sich 1942 scheiden, behielt jedoch die schwedische Staatsbürgerschaft und emigrierte 1943 nach Schweden, wo sie weiter von Heinz finanziell unterstützt wurde.[268]

Nach der Scheidung von Maria wurde Rühmann kurzfristig von der Sondergenehmigungsliste, der sogenannten »Judenliste« der Reichskulturkammer, gestrichen. Er war nun ja nicht mehr »jüdisch versippt« und hatte demnach auch eine der üblichen Sondergenehmigungen nicht mehr nötig.

Rühmann pflegte öffentlich das Image des durchschnittlichen Spießers, lange bevor er privat überhaupt Gefallen an diesem Lebensentwurf fand. Die Öffentlichkeit in Nazideutschland sollte über seine Liebesbeziehungen nicht Bescheid wissen. Auch wenn die Ehe mit Maria in der Nazizeit kein völliges Geheimnis geblieben war, nicht zuletzt auch durch die Anspielungen in *Das Schwarze Korps,* wurde Rühmanns zweite Ehefrau Hertha Feiler in den Medien noch lange Jahre nach dem Krieg als seine erste Frau bezeichnet. Das Geheimnis um Maria Bernheim blieb in Deutschland für die breite Öffentlichkeit für lange Zeit ein gut gehütetes.

Eine neue Liebe

Noch während die Ehe mit Maria auf dem Papier bestand, lebte Rühmann zwei Jahre mit seiner mehrfachen Filmpartnerin Leny Marenbach gemeinsam am Kleinen Wannsee. Die vor der Öffentlichkeit geheim gehaltene Beziehung nahm ein Ende, als Hertha Feiler 1938 in Rühmanns Leben trat.

Es war Rühmanns Debüt-Regiearbeit mit der Verwechslungskomödie *Lauter Lügen,* bei der die 14 Jahre jüngere Hertha Feiler die weibliche Hauptrolle übernahm. Noch war die Bekanntschaft in erster Linie professioneller Natur. Erst nachdem Feiler kurzfristig für den Film *Männer müssen so sein* eingesprungen war, kamen sich die beiden rasch näher. Feiler übernahm für diesen Film die Rolle der tschechischen Schauspielerin Lída Baarová, die mit Heinz Rühmann eng befreundet war und wegen der Affäre mit dem Propagandaminister die Rolle zurücklegen musste.[269]

Hertha Feiler, eine gebürtige Wienerin, kam sehr früh mit dem Theater in Berührung und sollte auf Wunsch ihrer Mutter Margarethe ursprünglich Pianistin werden. Feiler, einem bürgerlichen Haus entstammend, war gerade einmal 13 Jahre alt, als sie in Wien bereits die Meisterklasse besuchte und in Schülerkonzerten zu hören war.

Eine Sehnenscheidenentzündung machte dem jungen Talent allerdings bald einen Strich durch die Karriererechnung. Also absolvierte die 1916 geborene Hertha die Matura und begann an der Wiener Universität zu studieren. Neben ihrer akademischen Ausbildung nahm Feiler an Schönheitskonkurrenzen teil und begann mit ihrer Schauspielausbildung am Scala Institut, das dem Deutschen Volkstheater in Wien angegliedert war. Hertha Feiler war, als Österreich zur »Ostmark« wurde, keine Schauspielschülerin mehr, ihre ehemalige Schule musste aber mit dem »Anschluss« seinen Unterrichtsbetrieb einstellen, da sein Gründer,

Rudolf Beer, Jude war. Beer, einer der bedeutendsten Theater-
macher der Zwischenkriegszeit in Wien, bezeichnete sich selbst
als »3/4 Arier« und nahm sich am 9. Mai 1938 in seiner Wiener
Wohnung nach schweren Misshandlungen durch die Polizei das
Leben.

Als Feiler 1937 im Rahmen von Schulproduktionen auftrat,
reagierten Wiener Zeitungen wie *Der Tag* oder *Die Illustrierte Kro-
nenzeitung* geradezu euphorisch auf das große schauspielerische
Talent.

Schön und talentiert: die junge Hertha Feiler.

Der vielversprechende Ruf Feilers, die vom Agenten Richard Löwenthal für den Film entdeckt wurde,[270] ereilte auch Heinz Rühmann in Berlin, der auf der Suche nach jungen Talenten war. Feiler, so erinnerte sich Rühmann selbst, erreichte er in Paris, wo sie auf Nachrichten aus Hollywood wartete. Die Schauspielerin wurde nach Berlin gebeten und die beiden trafen einander am Set von *Nanu, Sie kennen Korff noch nicht*, in dem Rühmann als Vogel verkleidet von Ast zu Ast springen musste. Feiler sprach in einer Drehpause vor, man war sich rasch einig. Vorerst künstlerisch.[271]

Lauter Lügen, ihre erste gemeinsame Arbeit, war Feilers dritte Filmarbeit, stets im Fach des »patenten Mädels«: Eine aparte dunkelhaarige, zierliche junge Frau, mit der man Pferde stehlen konnte. Sie war weder zu exotisch noch zu hausbacken, weder fiel Feiler durch Skandale oder einen zu aufwendigen Lebensstil auf, noch war sie politisch fragwürdig. Feiler war eine der aufstrebenden Schauspielerinnen Deutschlands und hatte dabei nur einen Fehler: Feiler war nach den »Nürnberger Gesetzen« »Vierteljüdin«.

Nach ihrem ersten Kennenlernen verloren sich Rühmann und Feiler aus den Augen. Zu beschäftigt war man, ehe es fast ein Jahr später zu einem zufälligen Wiedersehen bei einer gemeinsamen privaten Einladung kam.

In der Zwischenzeit spielte Hertha Feiler unter der Regie von Artur Maria Rabealt und an der Seite von Ernst von Klipstein und Joachim Gottschalk in *Flucht ins Dunkel* die weibliche Hauptrolle.

Heute gilt der einzige gemeinsame Film von Hertha Feiler und Joachim Gottschalk als Vorbehaltsfilm, da er die »Dolchstoßlegende« aus dem Ersten Weltkrieg propagierte. Wusste Feiler, wie viele andere in der Branche, von den Schwierigkeiten, unter denen die Gottschalks bereits zu leiden hatten? War für sie selbst, die nur mit einer Sondergenehmigung in Deutschland filmen konnte, ihre Rolle in diesem Film so etwas wie eine Versicherung gegenüber dem Regime?

Wir wissen nicht, ob Filme wie diese für die Karrieren von
»vierteljüdischen« Schauspielerinnen von Vorteil waren, als nach-
teilig sollten sich Engagements in solchen Filmen in der NS-Zeit
jedenfalls nicht herausstellen.

Kaum trafen Rühmann und Feiler einander wieder, war das Paar
auch schon verlobt. Am 1. Juni 1939 wurde in Berlin-Wannsee
Hochzeit gefeiert. Auf den Hochzeitsfotos ist neben dem Brautpaar ein besonderer Gast zu sehen: Maria von Nauckhof, geborene
Bernheim, geschiedene Rühmann. Die Szene an der Hochzeitstafel wirkt gelöst und entspannt. Hertha Feiler ist ihrem lächelnden
Bräutigam zugewendet, an dessen Schulter sich Maria Bernheim
freundschaftlich anlehnt. Auch rund um das Dreigespann an der

Hochzeit von Hertha Feiler und Heinz Rühmann, Berlin, 1. Juni 1939.
Rechts neben Rühmann seine Exfrau Maria Bernheim.

Hochzeitstafel finden sich nur lächelnde Menschen. Ist es die Er-
leichterung, dass alles gut gegangen ist, die hier zu sehen ist?

An diesem 1. Juni 1939 zog in Heinz Rühmanns Leben das Glück
ein. So beschrieb er die Ehe mit der 22-jährigen Hertha Feiler in
seinen Memoiren.[272] Nur drei nur Monate vom Überfall Deutschlands auf Polen entfernt, der Europa in Schutt und Asche legen
sollte. Liest man die knappen Erzählungen Rühmanns über seine
zweite Ehefrau, kann man sich kaum des Eindrucks erwehren, als
hätten die Frauen, die vorher an seiner Seite lebten, keinerlei Bedeutung gehabt und als wäre sein Leben vor Hertha Feiler niemals
auch nur ansatzweise gut gewesen. Sie schien in allem die per-
fekte Frau für ihn zu sein.

Durch den Umstand, dass Hertha Feiler einen jüdischen Groß-
elternteil hatte, kam Heinz Rühmann mit der Eheschließung wieder auf die Sondergenehmigungsliste, mit der Anmerkung »verheiratet mit einer Vierteljüdin«. Dort stand er alphabetisch unter
anderem neben dem ersten Stummfilmstar Deutschlands, Henny
Porten, deren Ehemann Wilhelm von Kaufmann als »Volljude«
galt, aufgelistet.[273]

Porten blieb bei ihrer standhaften Weigerung sich von ihrem
Ehemann scheiden zu lassen, trotz Drucks seitens Goebbels'.
Ihre glanzvolle Karriere brach daraufhin massiv ein. Die wenigen
Filme, die Porten in der NS-Zeit drehen konnte, entstanden un-
ter Einflussnahme von Albert Göring, dem jüngeren Bruder des
Reichsmarshalls, der seinen familiären Status und den daraus
resultierenden Einfluss verwendete, um Juden und »jüdisch ver-
sippten« Nichtjuden zu helfen.[274]

Anders als der Stummfilmstar distanzierte sich Rühmann weder wegen der jüdischen Exfrau Maria noch wegen der »vierteljüdischen« Ehefrau Hertha von den Anforderungen des Systems,
das für Filmschaffende maßgeblich war. Der Druck, der seitens der
Politik auf Rühmann ausgeübt wurde, brachte ihn auf einen völlig

anderen Weg. Über allem stand seine Karriere, die er weiter voranbringen wollte. Der Star war daran interessiert, mit seinen Unterhaltungsfilmen das System, in dem er berühmt geworden war, für sich zu nutzen und schien keinerlei Probleme mit Publicity-trächtigen Auftritten in Wochenschauen zu haben.

Heinz Rühmann gelang das für andere KünstlerInnen seiner Zeit scheinbar Unmögliche: Er lavierte sich gekonnt durch die NS-Zeit und nahm offensichtliche Gelegenheiten wahr, ohne jemals den Anschein zu erwecken, er würde Gefahr laufen zu stolpern. Später wurde seine Rolle in der NS-Filmindustrie oftmals damit erklärt, dass er für die Zeit einfach zu unpolitisch war und dass sich das Regime seiner Starqualitäten bediente. Dass sich der Schauspieler selbst unter Zugzwang sah, lässt sich in seinen Erinnerungen *Das war's* nachlesen.

Wie es dem Star oder seiner zweiten Ehefrau Hertha aber tatsächlich dabei erging, wissen wir nicht. Rühmann hatte sich auf einen Drahtseilakt begeben, den er weitaus kunstvoller als so manche SchauspielkollegInnen absolvierte, egal welchen Denunziationen er ausgesetzt war, für wen er Gnadengesuche schrieb und wer bei ihm in der Villa am Wannsee ein und aus ging.

Eskapistische Propaganda

Liest man Notizen in den Tagebüchern Goebbels', die sich auf SchauspielerInnen und Regisseure beziehen, so bekommt man rasch den Eindruck, dass das Verhältnis des Propagandaministers zu den Kunstschaffenden wie das eines wohlwollenden, aber strengen Vaters zu seinen Kindern aufgebaut war. Wer dem künstlerischen Übervater Goebbels nicht entsprach oder sich gar seinen Zuwendungen entzog, wurde dafür bestraft: Deutlich weniger bis gar keine Engagements und Aufträge waren die Folge. Wer es sich einmal mit dem Minister verscherzt hatte, bekam keine Gelegenheit mehr, dies wieder gerade zu biegen.

Damit wird trotz aller Regelungen und Gesetze deutlich, dass es letztlich immer um Befindlichkeiten des Propagandaministers ging. Bei »Vergehen« gegen Goebbels' Wohlwollen wusste er mit einer Reihe unterschiedlicher Strafmaßnahmen den ungehörigen KünstlerInnen, so sie nicht direkt auf Hitlers Obhut oder die Unterstützung Görings zählen konnten, zu begegnen. Ähnliches war bei Rühmann während des gesamten »Dritten Reiches« nicht notwendig. Rühmann gehörte nicht zu jenen SchauspielerInnen, die sich trotz Sondergenehmigung vor dem Entzug selbiger fürchten mussten.

Er sorgte, mit und ohne Hertha Feiler, für jene so grundnotwendige eskapistische Unterhaltung, die die Nazis für die Propaganda dringend benötigten und die den Hauptteil der Filmarbeit im »Dritten Reich« betraf.

Wie Erwin Leiser in seiner maßgeblichen Dokumentation *Deutschland, erwache!* ausführte, sprachen von den 1150 in Nazideutschland produzierten Filme gerade mal ein Sechstel eine eindeutige politische Propagandasprache,[275] wie etwa *Hitlerjunge Quex, Heimkehr* oder *Jud Süß*.

Das nationalsozialistische Kino produzierte vor allem Unterhaltungsfilme, die auf eine offensive Indoktrinierung verzichteten und ihre propagandistischen Botschaften der deutschen Volksgemeinschaft zwischen den Zeilen unterjubelte. Alle Stars des deutschen Kinos zwischen 1933 und 1945 wirkten in Propagandafilmen mit. Manche, wie etwa Heinrich George in berüchtigten Propagandafilmen wie eben *Kolberg* und *Jud Süß*, die ihm letztlich 1946 in einem Lager der Sowjets das Leben kosteten.

Heinz Rühmann war dabei neben Joachim Gottschalk und Hans Albers keine Ausnahme. Allerdings war Rühmann nur in kleineren Rollen, wie etwa im Propagandafilm *Wunschkonzert* aus dem Jahr 1940, in dem er wie Marika Rökk einen Cameo-Auftritt absolvierte, zu sehen. Er sang gemeinsam mit Hans Brausewetter und Josef Sieber seinen Hit »Das kann doch einen Seemann nicht erschüttern«, der ursprünglich aus dem Film *Paradies der Junggesellen* stammte und wie die großen Schlager Zarah Leanders von Bruno Balz und Michael Jary geschrieben worden war. Von 1939 bis 1941 war das »Wunschkonzert für die Wehrmacht« fester Bestandteil der Propagandamaschinerie des Großdeutschen Rundfunks, für den alle verfügbaren Medien eingesetzt wurden. 1942 wurde mit dem Titel *Wir beginnen das Wunschkonzert für die Wehrmacht* ein Buch von Heinz Goedecke und Wilhelm Krug veröffentlicht, mit einem Geleitwort von Goebbels. Auf dem bunten Buchcover ist auch Heinz Rühmann im hellblauen Anzug am Podium neben anderen KünstlerInnen wie Zarah Leander zu erkennen.

Rühmann, der neben seiner schauspielerischen Tätigkeit bei mehreren Filmen Regie führte, produzierte auch Filme, in denen er die Hauptrolle spielte, die aber von anderen Regisseuren umgesetzt wurden. So feierte er 1941 als Produzent und Hauptdarsteller mit der Komödie *Quax, der Bruchpilot* einen großen Erfolg.

Zwei Jahre später begannen die Dreharbeiten zu einer weiteren Komödie um die erfolgreiche Hauptfigur *Quax*. Unter dem Titel *Quax in Afrika* produzierte Rühmann eine rassistische Komödie unter der Regie von Helmut Weiss, die in der NS-Zeit nicht mehr in die Kinos kam und nach Kriegsende von den Alliierten verboten wurde. Tatsächlich kam das rassistische Machwerk 1953 in die deutschen Kinos. Es schien niemand mehr an dem Film, in dem Hertha Feiler an der Seite ihres Ehemannes zu sehen war, Anstoß zu nehmen.

Auch wenn jedes Jahr ein anderer Künstler für die Durchführung der Regiearbeit verpflichtet wurde, so ist es doch bemerkenswert, dass ein Künstler, der eben wegen seiner »vierteljüdischen« Ehefrau auf der Sondergenehmigungsliste stand, den Geburtstagsfilm für den Propagandaminister drehen durfte. Beging er nicht, wie Goebbels es Joachim Gottschalk vorwarf, »jede Nacht ›Rassenschande‹«?

Oder war die Tatsache, dass Hertha Feiler »Vierteljüdin« war, so vernachlässigbar und musste einfach nicht offiziell zur Sprache gebracht werden? Ging diese Kategorisierung und gleichzeitige Verheimlichung in Richtung der »Geheimen Reichsache Johann Strauß«?[276]

1940, zum 43. Geburtstag Goebbels', filmte Rühmann also die Kinder des Ministers, und wie die Tagebuchnotiz Goebbels' unschwer erkennen lässt, gelang hier Rühmann wohl ein besonders schöner Geburtstagsfilm: »Gestern 43 Jahre alt. Wir schauen gemeinsam den Film an, den Heinz Rühmann mit den Kindern gedreht hat, zum Lachen und zum Weinen, so schön.«,[277] notierte der Propagandaminister. Dass die Regie für den Kinderfilm mit Goebbels' Kindern einer Auszeichnung durch den Minister innerhalb des Systems gleichkam, versteht sich von selbst. Wie weit aber Rühmann tatsächlich diese »Auszeichnung« als solche verstand, sei dahingestellt, enthielt er sich doch zeitlebens einer differenzierten Auseinandersetzung mit seiner Rolle des »unpolitischen« Schauspielers.

Dass er aber zu jenen KünstlerInnen gehörte, die Goebbels häufiger Besuche abstatteten, wie auch sein Schauspielkollege Viktor de Kowa, und Goebbels selbst Rühmann in seiner Villa am Wannsee, wie bei der Geburtstagsfeier des Regisseurs und Präsidenten der Reichsfilmkammer Carl Fröhlich am 5. September 1940,[278] besuchte, spricht dafür, dass sich Rühmann dessen bewusst war, was es hieß, diesen Filmauftrag Goebbels' anzunehmen.

Vor den Karren gespannt

Die Frage, die sich bei Rühmann immer wieder stellt: Wie konnte er sich auf diese schizophrene Situation überhaupt einlassen? Rühmann war nicht irgendein Schauspieler an einem kleinen deutschen Provinztheater, der in der NS-Zeit irgendwie überleben wollte. Er hielt vielmehr die Fahne der leichten Unterhaltung für das System sehr deutlich hoch, das Menschen, die ihm nahestanden, in den Untergang zu treiben versuchte. War dabei einfach nur ein starker Wille zu einer erfolgreichen Karriere maßgeblich, wie bei Gustaf Gründgens, oder war er davon überzeugt, dass das alles gar nicht so schlimm sein konnte, wie es den Anschein hatte?

Rühmann, der Gnadenbriefe für verfolgte Kollegen verfasste, blieb dabei, dem Regime mit der für Nazideutschland so wichtigen Unterhaltung zu dienen. Ihm gelang es, den Deutschen die eigene Durchschnittlichkeit und Angepasstheit auf eine Art und Weise vorzuführen, die dadurch für sie nicht nur erträglicher wurde, sondern ihnen erlaubte, sich in der spießigen Angepasstheit auch noch wohlzufühlen. Dass er mit diesem filmischen Einlullen in die kleinbürgerliche Normalität dem NS-System perfekt in die Hände spielte, mochte wohl von vielen nicht verstanden werden. War es Rühmann selbst bewusst?

Sein wohl berühmtester Film *Die Feuerzangenbowle*, der im Januar 1944 in die deutschen Kinos kam, diente auf mehreren Ebenen ganz ausgezeichnet den propagandistischen Zielen des NS-Regime, auch wenn er vordergründig, ähnlich Albers' *Münchhausen*, nur der Unterhaltung verpflichtet schien. In der *Feuerzangenbowle* wurde der Hauptfigur (»Pfeiffer mit drei F«) nur ein kurzes Widerstreben gegen das vorhandene Gesellschaftssystem zugestanden, nur um letztlich in ein vom Regime gewolltes Leben zurückzukehren.

Mit diesem Film, der übrigens unter der Regie von Carl Fröhlich verwirklicht wurde, wollte man der verstärkt aufkommenden Unzufriedenheit der Deutschen, gerade auch nach der kriegsentscheidenden Schlacht von Stalingrad, begegnen.

Kritik an Autoritärem wie in der *Feuerzangenbowle* war möglich, solange sie zeitversetzt im wilhelminischen Deutschland vonstatten ging. Da Goebbels wegen Rühmanns bis heute wohl berühmtestem Film Bedenken hatte, holte sich der Schauspieler die Zustimmung Hitlers persönlich.[279]

Tatsächlich kommt der Film einer geplanten und unausweichlichen Zähmung gleich, als würde man dem Publikum sagen wollen: »Schlag nur ein bisschen über die Stränge, wir wissen ganz genau, dass du in das richtige, regimekonforme Leben ganz sicher wieder zurückkehren wirst, denn dieses Leben ist alternativlos«. So entsprach Rühmanns *Feuerzangenbowle* genau den Erwartungen des NS-Regimes an einen Unterhaltungsfilm, der darauf abzielte, eine mögliche grundsätzliche Unzufriedenheit in der Bevölkerung abzufangen und sie wieder auf den rechten Weg zu lenken.

Wie weit Rühmann selbst ein durchaus regimegerechtes Leben lebte, überließ man seit der Eheschließung mit Hertha Feiler keinen Spekulationen mehr. Die deutsche Öffentlichkeit sollte am Eheglück der beiden Stars teilnehmen. Broschüren wie *Er und Sie* wurden zu diesem Zwecke 1940 von der deutschen Journalistin Käthe Brinker veröffentlicht. Man begleitet die Journalistin auf ihrem Besuch in die aus Holz gebaute Villa des Ehepaares Feiler-Rühmann am Wannsee, lernt die beiden von ihrer »ganz privaten« Seite kennen und erfährt Details aus dem Leben des Paares.[280]

Glaubt man dem in der NS-Öffentlichkeit dargebotenen Bild, schien sich Feiler trotz ihrer Jugendlichkeit den Wünschen ihres zur Ruhe kommenden Ehemannes gänzlich zu fügen, auch wenn

Heinz Rühmann und Hertha Feiler am Wannsee, ca. 1940.

ihre gesellige Natur völlig seinen Wünschen nach Ruhe entge-
genstand.[281] Für den 38-jährigen Rühmann waren die wilden Jahre
vorbei, er wollte sein ruhigeres Privatleben und sein neu gewon-
nenes Glück an der Seite Herthas offensichtlich genießen.

Das *Er und Sie*-Heftchen wirkt auf den ersten Blick wie harm-
lose Fan-Literatur, eine freundliche Huldigung an das Künstler-
paar. Tatsächlich wird aber selbst hier nicht auf antisemitische
Bemerkungen verzichtet, wie etwa bei der Erwähnung zu Hertha
Feilers Schauspielschule Scala in Wien, die mit dem »Anschluss«
geschlossen wurde und die »Kinder Israels« Deutschland verlassen mussten. Das immer wieder in der Broschüre hochgehal-
tene edle »Menschentum« wurde nur jenen zugestanden, die der
»Volksgemeinschaft« dienten, wie Rühmann und Feiler. »Sie sind
Künstler bis in die Fingerspitzen. Aber sie sind keine Bohème-
naturen. Sie verschwenden nicht ihre Kraft an Banalitäten. [...]
Aus der Struktur ihres warmen Menschentums und der gleich-
mäßigen Melodie ihrer Lebensführung erschließen sich ihnen die
Kraftquellen, die sie zu immer höheren Leistungen berufen – uns
und sich zur Freude.«[282]

Dass mit solchen Veröffentlichungen ein von den Nazis be-
vorzugtes Bild der Ehe transportiert wurde, liegt auf der Hand.
Rühmann und Feiler spielten mit. Damit befand sich das Ehepaar,
vor allem Feiler, in Sicherheit vor möglichen Anfeindungen und
Rühmann wurde nicht mehr empfohlen, sich von seiner Frau zu
trennen. Über die »rassische« Herkunft Feilers wurde der Mantel
der Verschwiegenheit gelegt.

Hertha war zur idealen Partnerin des »kleinen Mannes« geworden. Die beiden waren die »kleinen Leute«, die zufälligerweise
Filmstars waren. Ideale Vorlage für all jene, die ebenfalls zu den
»kleinen Leuten« gehörten, es aber nicht geschafft hatten, am
malerischen Wannsee zu leben und auf die Galaempfänge der

NS-Elite eingeladen zu werden. Die »Vierteljüdin«, die bis 1945 nur mit einer Sondergenehmigung vor der Kamera stehen konnte, trug das barbarische System, das ihren Ehemann großgemacht hatte und in dem auch sie zum Star geworden war, mit. Die Villa der beiden am Kleinen Wannsee hatte Rühmann 1938 der Witwe eines jüdischen Kaufmannes »besonders günstig« abgekauft.[283] Er gehörte 1938 bereits zu den Bestverdienern unter den deutschen SchauspielerInnen und musste nicht aus Not ein günstiges Haus erwerben. Rühmann unterschied sich mit diesem Kauf nicht von einer Vielzahl an BürgerInnen in Nazideutschland. Das Anwesen der Rühmanns wurde direkt von der Befreiung betroffen: Zuerst bezogen deutsche Panzergrenadiere im Garten Stellung, gefolgt von Beschuss des Hauses durch die Sowjets, die das Anwesen dann noch kurzfristig beanspruchten.[284]

Unpolitische Haltung

»Mein Vater war überhaupt, glaub ich, ein sehr unpolitischer Mensch, der auch damals gar nicht Folgen seines Handelns absehen konnte«, so erklärte der Sohn der beiden, Heinzpeter Rühmann, in einer Dokumentation des ZDF die überaus ambivalente Position seines Vaters in der Nazizeit.[285] Erkannte Heinz Rühmann wirklich nicht, was er tat und mit wem er sich hier verband?

Der Schauspieler nahm in seinem späteren Leben, wie bereits erwähnt, nie wirklich differenziert Stellung zu seiner eigenen Position. Er bedauerte wohl in Interviews, dass er die Not und Bedrohung seiner ersten Frau nicht ernst genug genommen hatte, mehr schien ihm nicht möglich. Tat er dies nicht, weil er sein Publikum, das ihm aus der NS-Zeit treu geblieben war, nicht vor den Kopf stoßen wollte? War das, was Rühmann in den Jahren des »Dritten Reiches« tat, z.B. bei seinen Wehrübungen für die Wochenschau gefilmt zu werden, eine bewusste Charade? Für ihn spricht, dass er keine Versuche unternahm, sich, wie andere KünstlerInnen es

durchaus taten, nach 1945 als widerständiger Geist zu positionieren. Dabei blieb das »Unpolitischsein« des bis über den Tod hinaus
beliebten Schauspielers ein Schutzschild. Von der 1970 an Krebs
verstorbenen Feiler sind keinerlei Äußerungen über ihre Funktion als Vorzeigefrau, die gleichzeitig nur mit ihrer Sondergenehmigung[286] und auch dank der guten Verbindung ihres Ehemannes
zu höchsten Kreisen in Nazideutschland weiterarbeiten konnte,
bekannt.

Dies war wohl für all jene, die sich ähnlich wie er mit den Nationalsozialisten arrangiert hatten, auch so etwas wie eine Entschuldigung ihres eigenen Handelns. Dabei wurde und wird oftmals
ignoriert, dass Rühmann viele Gelegenheiten nutzte, um öffentlich aufzutreten, und keinerlei Bedürfnis an den Tag legte, sich
ähnlich wie Hans Albers vom NS-System durch sichtbare Abwesenheit zu distanzieren. Rühmann als unpolitischen Menschen
zu bezeichnen, würde ihm dennoch unrecht tun. Er hat sich, nach
seinen selbst festgelegten Möglichkeiten, für Freunde und seine
erste Frau Maria eingesetzt. Er arbeitete auch nach 1933 mit Juden zusammen – nichts, was von seinem obersten Arbeitgeber,
Joseph Goebbels gerne gesehen wurde. Allerdings war Rühmann
wie Gustaf Gründgens in höchstem Maße daran interessiert, seine
Karriere mit allen möglichen Mitteln voranzubringen.

Würde man Feiler und Rühmann nicht gerechter werden,
könnte man ihnen zugestehen, sie hätten wie Gründgens alles
ihrer Kunst untergeordnet? Was geschah mit dem jüdischen Teil
von Hertha Feilers Familie? Setzte sich Rühmann für die Ver-
wandtschaft ein oder hielt er es wie Franz Lehár, der davon ab-
sah, seinen Einfluss für die jüdischen Verwandten seiner Ehefrau
Sophie geltend zu machen?

Warum hat Rühmann später nie davon gesprochen, dass er
sein Spiel mit den Herrschenden nur zum Schutz seiner beiden
Ehefrauen, der »Volljüdin« und der »Vierteljüdin«, nicht aufgab?

In seinen Erinnerungen, die in den 1980er-Jahren erschienen, erzählt er zwar vom Glück und der rasch aufkeimenden Liebe mit Hertha Feiler, aber auch, fast in einem Nebensatz, von Verleumdern und Denunzianten und davon, dass Hertha »nicht rasserein« war. Er verliert im Zusammenhang mit der Frau, die über 30 Jahre an seiner Seite lebte und die Mutter seines Sohnes war, kein Wort zur Verfolgung und zum immensen Druck, unter dem beide standen.[287]

In seinen Erinnerungen blieb er vielmehr dabei, sein Handeln in der NS-Zeit mit auferlegten Zwängen zu erklären. Gab es aber nicht auch jene KollegInnen, die erkannten, dass sie sich dem Druck nicht aussetzen wollten und Deutschland verließen, wie etwa Lilian Harvey, an deren Seite er seinen filmischen Durchbruch feierte? Rühmann war 1933 gerade 31 Jahre alt, seine Karriere vorerst im deutschsprachigen Ausland fortzusetzen wäre eine Möglichkeit gewesen, den Zwängen zu entgehen.

Ehe Rühmann in Westdeutschland nach 1945 an seine Karriere anschließen konnte, trat er in der »Ostzone« auf. Wie er in seiner Autobiografie schrieb, setzten sich sowjetische Offiziere mit ihm in Verbindung, um über den »Aufbau des deutschen Films« zu sprechen. Dass er nach Kriegsende eine beratende Funktion für die »Gruppe Ulbricht« übernommen hatte, wurde erst nach Rühmanns Tod bekannt.[288]

Dass der Schauspielstar von den Behörden als »sowjetfreundlich« eingestuft wurde, weil er »in keinem politischen Film für die Nazis« mitgewirkt hatte und er »Genossen bei der illegalen Arbeit gegen das Hitlerregime geholfen« habe, wurde in Ostberlin festgehalten.[289] Rühmanns Privatfilme für Goebbels blieben scheinbar unerwähnt.

Kurz nach Kriegsende galt für Rühmann ein Auftrittsverbot im Westen, das aber nicht lange hielt. Bereits Ende März 1946 wurden im Rahmen der Entnazifizierung keinerlei Bedenken »gegen eine künstlerische Betätigung des Herrn Rühmann« geäußert. Dennoch war für ihn in den nach Kriegsende neu entstandenen Trümmerfilmen, in denen Hans Albers oder Hans Söhnker reüssierten und die neue Stars wie Hildegard Knef hervorbrachten, kein Platz. Es brauchte wieder Helden, die alles Unbill der Zeit bewältigen konnten. Die Zeit des durchschnittlichen Deutschen, den Rühmann noch spielen sollte, war noch nicht gekommen.

Ehe er wieder vor der Kamera stand, setzte Rühmann seine Karriere mit einer kleinen Theatergruppe fort, mit der er durch die sowjetische Zone zog und zu der auch Hertha Feiler gehörte.[290]

Versuchte Rühmann in seiner Nachkriegskarriere künstlerische Wiedergutmachung, ohne diese jemals als solche zu benennen?

In der Verfilmung von Carl Zuckmayers *Hauptmann von Köpenick* übernahm Rühmann die Titelrolle und positionierte sich damit gegen den deutschen Militarismus, auch wenn dieser sich auf jenen im Kaiserreich bezog.

1965, fünf Jahre vor Hertha Feilers frühem Tod, übernahm er in Stanley Kramers starbesetzter und Oscar-prämierter Hollywood-Produktion *Das Narrenschiff* die Rolle des deutschen Juden Julius Löwenthal.

In einer Szene mit seinem Kabinengenossen Siegfried Riemer, einem Nazi, dargestellt von José Ferrer, der von einer historisch bewiesenen Schuld der Juden spricht, antwortet Rühmanns Charakter Löwenthal: »Natürlich, die Juden und die Radfahrer.« »Warum die Radfahrer?«, fragt Riemer. »Warum die Juden?«, so Löwenthal.

WAS IST AUS UNS GEWORDEN?[291]

Die sehr späte Anerkennung einzelner Opfergruppen nach 1945 in Deutschland und Österreich, wie die der Roma und Sinti oder die der in der NS-Zeit ebenfalls verfolgten Homosexuellen, verdeutlicht, wie gut die Abgrenzung unserer Mehrheitsgesellschaften in der NS-Zeit durch ein vehementes Verneinen einer Verbindlichkeit gegenüber jenen, die verfolgten Minderheiten angehören, funktioniert.

Die jahrzehntelange Verzögerungstaktik zeigt sich bis heute gerade darin, dass der notwendige Respekt gegenüber jenen, die eben nicht zur Mehrheitsgesellschaft gehören, oftmals in großen Teilen fehlt. Mittlerweile scheinen das Ausgrenzen und auch die Hetze wieder in der Mitte der Gesellschaft anzukommen zu sein.

Der von den Nationalsozialisten geprägte Begriff der »Festung Europa«[292] wird gegenwärtig von PolitikerInnen aus der bisherigen Mitte des Parteienspektrums ohne mit der Wimper zu zucken verwendet. Tatsächlich fehlen aber auch Hinweise auf die Schöpfer dieses Begriffs zu oft in der medialen Berichterstattung.

In einer Zeit erneut aufflammender Nationalismen erlebt ein dezidiertes »Wir und die Anderen« eine beängstigende Renaissance. Das jahrzehntelange »Niemals wieder« genügt nicht mehr, da die Verbindungen zwischen vehementer Abgrenzung, Antisemitismus und Fremdenfeindlichkeit nur wieder allzu deutlich sind. Viele Menschen stehen dem gegenwärtigen internationalen Rechtsruck hilflos gegenüber.

80 Jahre nach dem Münchner Abkommen, dem »Anschluss« Österreichs an Hitlerdeutschland und dem Novemberpogrom erstarkt in Europa eine neue Rechte. Menschen sind wieder offen der Überzeugung, dass »damals« nicht alles so schlecht war und dass Wehrmachtsoldaten, die von Hitler und der NS-Elite in einem Angriffskrieg geschickt wurden, in Nordafrika und in Stalingrad Deutschland verteidigten.

Rechte Gewalt nimmt gegenwärtig international zu. In Berlin oder Paris werden etwa Männer, die Kippa tragen, auf offener Straße angegriffen. In Italien werden Geflüchtete niedergeschlagen und angeschossen. Die Politik schürt erneut Ängste auf Kosten von Menschen, die vor Krieg und Verfolgung im Westen Schutz suchen. Im Juli 2018 jährte sich auch die »Konferenz von Evian« zum 80. Mal, bei der 32 Staaten über die Aufnahme von Flüchtlingen aus Deutschland und Österreich verhandelten und letztlich daran scheiterten, eine menschenwürdige Gesamtlösung für die geflüchteten deutschen und österreichischen Juden zu finden.

Heute, im Jahr 2018, wird vor »dem Anderen«, dem Fremden, erneut gewarnt. Vor jenen, die nicht Teil des kollektiven »Wir« sein sollen. Es wird erneut sichtbarer ab- und ausgegrenzt als in den vergangenen Jahrzehnten, auch auf Basis der Integrationsversäumnisse in den Jahrzehnten seit Kriegsende. Notwendige Integration soll verhindert werden, um einer neuen Sündenbockpolitik Raum zu geben.

Dennoch, die Gegenwart lässt sich nicht mit der ersten Hälfte des 20. Jahrhunderts vergleichen: Die Welt sieht sich heute nicht wie Ende der 1920er-Jahre mit einer globalen Wirtschaftskrise konfrontiert. Trotzdem gelingt es PolitikerInnen weltweit wieder mit perfiden Mechanismen Wahlen zu gewinnen, die an jene der damaligen Zeit durchaus erinnern.

Der herabwürdigende Blick auf »die Anderen« hat scheinbar nicht an Reiz verloren, beziehungsweise wird wieder offener zur Schau getragen. Die über Jahrzehnte funktionierenden moralischen Schranken wurden niedergerissen.

Dass solidarisches Eingreifen statt gleichgültigen Wegschauens heute notwendig ist, das steht außer Frage. Die Illusion, unpolitisch sein zu können, kann man sich nicht mehr leisten, will man nicht der rechten Willkür durch Passivität Tür und Tor öffnen. Der Auschwitz-Überlebende und Autor Eli Wiesel forderte ein, dass man Partei ergreifen müsse: »Neutralität hilft dem Unterdrücker, niemals dem Opfer, Stillschweigen bestärkt den Peiniger, niemals den Gepeinigten.«

Sie fragen sich: Was hat das alles mit den Stars der 1930er- und 1040er-Jahre und deren Privatleben zu tun? Sehr viel mehr als man glauben will, denn auf eine passive, unpolitische Position zogen sich in den Jahren des NS-Terrors nicht wenige Menschen zurück, darunter auch eine ganze Reihe an KünstlerInnen, die im Rampenlicht und damit im Dienste des NS-Staates standen. Dass aber genau dieser Rückzug in das Private eine politische Handlung und keineswegs das vermeintliche Gegenteil ist, steht außer Frage. Es geht immer um vorhandene Handlungsspielräume in scheinbar aussichtslosen Momenten. Darum, Position zu beziehen, nicht einfach das Private in den Vordergrund zu stellen und damit auf ein solidarisches Miteinander zu verzichten und lediglich darauf zu hoffen, dass die unmenschliche Politik von selbst ein Ende findet. Dabei stellen sich Fragen nach den eigenen Positionen und Möglichkeiten.

Die in diesem Buch portraitierten Menschen haben sich in ihren Paarbeziehungen und alleine auf höchst unterschiedliche Weise gegenüber dem Nationalsozialismus positioniert. Sie unterwarfen sich dem System, halfen vielleicht da und dort ohne in den politischen Widerstand zu gehen, begegneten ihm mit Zynismus, sahen keinen anderen Ausweg als den Tod, entschieden sich für offene Gegnerschaft oder Flucht.

Es ist aus heutiger Sicht und mit dem Wissen, wie lange das »Dritte Reich« andauerte, ein Leichtes, kopfschüttelnd zu sagen: Warum warteten viele Menschen ab, was passierte? Waren die Erfahrungen, die man man mit den politisch instabilen Verhältnissen in der Weimarer Republik gemacht hatte, so nachhaltig, dass jene, die politisch wenig interessiert waren, nicht glauben mochten, dass sich das »Tausendjährige Reich« ganze zwölf Jahre halten sollte?

»Warum gingen die Gottschalks nicht einfach in die Schweiz?« Gerade durch Jubelpropaganda des Regimes nach der raschen Einnahme von Paris 1940 war für Menschen, die sich durch ihre »gemischtrassige« Ehe seit 1933 unter Druck sahen, nicht absehbar, welchen weiteren Terror sich das Regime noch auszudenken gedachte. Wie der Krieg weitergehen würde – und würde man in Zürich nicht letztlich in der Falle sitzen, wenn Hitlers Truppen in das Land der Eidgenossen einmarschierten? Im November 1941, als Joachim Gottschalk mit seiner Ehefrau Meta und dem gemeinsamen Sohn Michael Suizid beging, war das Scheitern der Wehrmacht an der Ostfront noch kein Thema. Die Schlacht um Moskau war im Herbst 1941 in vollem Gange, Stalingrad war zu diesem Zeitpunkt nur eine Stadt 914 km südöstlich von Moskau.

Die Geschichten, die diese Paare – Wolff und Gottschalk, Weill und Lenya, Burg und Albers sowie Feiler und Rühmann – erzählen, stehen stellvertretend für die Geschichten vieler Paare, die auf ähnliche Weise die NS-Herrschaft und den Zweiten Weltkrieg durchleben mussten und oftmals an ihm zugrunde gegangen waren, auch wenn sie nicht im Scheinwerferlicht standen. Furcht und Entfremdung standen immer in Reichweite von Verzweiflung und Ignoranz.

Wer mit verordneter Unterhaltung das System stützte, konnte für sich nicht gleichzeitig Distanz zum Regime in Anspruch nehmen, auch wenn man sich durch ein Leben in der Provinz, wie es nicht nur Hans Albers pflegte, der Kontrolle Berlins entzog. Dass FreundInnen und KollegInnen wegen ihrer »Rasse« flüchten mussten oder in KZs verschleppt wurden, wussten viele Stars, egal wo sie in Nazideutschland lebten. Letztlich war es allerdings ohne eine größere Portion Egozentrik wohl unmöglich, die Geschehnisse auszublenden und so als vermeintlich »unpolitischer« Mensch ein menschenverachtendes System mitzutragen.

Tatsächlich funktioniert die Ausrede, man wäre in erster Linie nur KünstlerIn in Zeiten großen Terrors nicht. Der nationalsozialistische Umbau Deutschlands begann nicht erst im Januar 1933 mit der »Machtergreifung«, ebenso wenig wie der »Anschluss« 1938 nicht schon von langer Hand geplant worden war.

Der Wiener Schauspieler Paul Hörbiger hatte sich 1938 zwar nicht wie sein Bruder Attila und seine Schwägerin Paula Wessely durch Jubelbekundungen nach dem »Anschluss« hervorgetan, dennoch hatte er sich öffentlich zum »Anschluss« Österreichs an Deutschland bekannt. Paul Hörbiger, der zu den beliebtesten Schauspielern im »Dritten Reich« zählte und sich Goebbels als ausgesprochenem Verehrer seiner Schauspielkunst sicher sein konnte, soll die österreichische Freiheitsbewegung mit einer Spende über 2000 Reichsmark unterstützt haben. Dies brachte ihm im Januar 1945 die Festnahme ein, nur Wochen vor Kriegsende. Am 6. April 1945 wurde Hörbiger aus der Haft entlassen.[293] Er gehörte zu jenen, die ihre Meinung änderten und konsequent danach handelten.

Die öffentliche Berufung auf das eigene unpolitische Wesen war nach dem Krieg für viele Stars, die sich mit den Nazis arrangiert hatten, unabdingbar. Wie sollte man auch weiterarbeiten können, wenn man sich nicht als unwissender, unpolitischer Mensch darstellte?

Wäre es nicht ehrlicher gewesen zu bekennen, dass es einem egal war, was rund um einen passierte und es um nichts anderes als die eigene Karriere ging?

Und doch: Niemand konnte es gewesen sein, niemand trug das mörderische System der Nazis mit, weder bei öffentlichen Kundgebungen, beiläufigen Denunziationen, noch bei der Produktion von Propagandafilmen oder den Wochenschauen.

Jeder Erfolg hat seinen Preis, heißt es. Ein Beispiel ist Hans Albers' Hang zum Alkohol, der sich in den Kriegsjahren zu einem schweren Alkoholproblem entwickelte. Dies war mit sehr großer Wahrscheinlichkeit eine Folge seines Unwohlseins im gewählten Arrangement und des Verlustes von Hansi Burg durch ihre Emigration.

Für jene, die blieben und sich dem Regime andienten, gab es Entschuldigungen, warum sie das Land nicht verließen. Sprachliche Hürden, die nicht zu bewältigen waren, das Alter, die Überforderung eine Karriere völlig neu aufzubauen und die möglicherweise nicht funktionierende Transaktion der in Deutschland vorhandenen Vermögenswerte ins Ausland. Selbst bei Joachim Gottschalk und Meta Wolff spielte seine Karriere keine unbedeutende Rolle für alle getroffenen Entscheidungen, die zum bitteren Ende führten.

Die wenigsten Vertriebenen wurden nach dem Krieg herzlich in ihrer alten Heimat willkommen geheißen. Dass in erster Linie das politische System, das man selbst mitgetragen hatte, an der Flucht der Remigranten Schuld hatte, wollten viele nicht verstehen. Man verstand sich selbst als Opfer, hatte man doch die Bombardierungen der Alliierten über sich ergehen lassen müssen und sah nicht ein, dass das System, in dem man lebte, das Minderheiten unterdrückte, vertrieb und ermordete, an dem eigenen Unglück Schuld hatte. Warum die jüdischen Nachbarn geflüchtet waren, blendete man zum Selbstschutz aus. Die österreichische Schriftstellerin Hilde Spiel, die 1946 als Korrespondentin mit der britischen Armee nach Wien zurückkehrte, besuchte ihr vormaliges Stammcafé in der Wiener Innenstadt, das Café Herrenhof: »Die Frau Doktor haben gut daran getan«, seufzt der Oberkellner des Café Herrenhof vorwurfsvoll, »dass Sie fort sind. Allein die Luftangriffe – dreimal haben sie die ganze Stadt in Brand gesteckt.«[294]

Wenn in Biografien emigrierter KünstlerInnen zu lesen ist, dass ihre jeweiligen Lebensmittelpunkte auch nach 1945 die Orte ihrer Emigration geblieben waren, so warteten sie dort meist vergeblich auf Einladungen ihrer Heimatländer, doch zurückzukehren. Nicht jeder Geflüchtete konnte von sich aus zurückkehren, die verursachten Traumata lagen für viele zu tief. Vertriebenen KünstlerInnen wurde nur unter sehr beschränkten Vorgaben die Hand gereicht. Nicht selten übernahmen sie so etwas wie eine Feigenblattfunktion, während die Mehrheitsgesellschaft damit beschäftigt war, das »Dritte Reich« und ihre eigene Beteiligung daran zu vergessen.

Die Politik in den ersten Nachkriegsjahren bemühte sich wohl zuerst um einen politischen Neuanfang, bald ging es aber vielmehr um jene, die den tödlichen Versprechungen der Nationalsozialisten blind gefolgt waren. Es ging um Stimmenmaximierung für die jeweiligen Parteien und kaum um die Versöhnung mit jenen, die man vertrieben hatte oder mit den Angehörigen jener Menschen, die in den Vernichtungslagern der Nazis umgebracht wurden. Die Verfolgten waren noch immer »die Anderen«. Die

Mehrheitsgesellschaft der Nachkriegszeit versuchte Situationen auszusitzen und zu umgehen. Man denke nur an den berüchtigten Ausspruch des damaligen SPÖ-Innenministers Oskar Helmer zur Frage der Restitution des Eigentums jüdischer Remigranten: »Ich bin dafür, die Sache in die Länge zu ziehen.«[295]

Jenen, die sich mit den Verbrechen der NS-Zeit nicht auseinandersetzen und einfach weitermachen wollten kam der Kalte Krieg gelegen. Neue Feindbilder verlangten nach neuen Verbindungen, der Antikommunismus der Nationalsozialisten kam den westlichen Verbündeten der BRD und Österreich gerade recht. So arbeitete man plötzlich mit jenen, die man kurz zuvor noch bekämpft hatte. Dabei wurde aber tunlichst auf die Frage nach dem so schwerwiegenden »Wir und die Anderen« vergessen. Auf eine frühe Aufarbeitung, auf eine humanistische Restitution der Gesellschaft wurde wegen neuer politischer Interessen und Verbindungen verzichtet. Die aufgeworfenen Gräben wurden nur notdürftig zugedeckt.

Ein einfaches »Nie wieder!« ist nach all dem Versäumten zu wenig. Um es mit Primo Levi zu sagen: »Es ist geschehen, und folglich kann es wieder geschehen.«

DANKSAGUNG

Mein Dank gilt Michaela Müller-Wenzel, Michaela Raggam-Blesch, Carsten Ramm, Claudia Romeder und Jörg Sundermeier für die vielgestaltige, großartige Anteilnahme und Unterstützung. Stefanie Jaksch für die besonders schöne Zusammenarbeit und meiner Großmutter Johanna Steinthaler für die vielen gemeinsamen Filmstunden in meiner Jugend, ohne die ich niemals den Film *Der Kongress tanzt* so lieben würde.

QUELLENVERZEICHNIS

LIEBE IN ZEITEN DES TERRORS

1   Schwab, Waltraud: Vermächtnis eines Unbekannten.
     taz, 5.10.2002, Berlin, zuletzt abgerufen am 30.8.2018

2   Begriffe, die in der offiziellen Sprache NS-Deutschlands und
     dem besetzten Europa von 1933 bis 1945 verwendet wurden,
     werden in diesem Text durchgehend unter Anführungs-
     zeichen gesetzt.

3   »Die Schaffung einer nationalen Heimstätte für das jüdische
     Volk in Palästina mit Wohlwollen« der britischen Regierung
     gegenüber dieser Unternehmung war dann am 2. November
     1917 Thema der »Balfour Erklärung«. Adressiert wurde die
     Erklärung des britischen Außenministers Arthur Balfour an
     den Zweiten Lord Rothschild, Lionel Walter Rothschild, für
     den Zionismus in Großbritannien eine der bedeutendsten
     Persönlichkeiten.
     Vgl. Schubert, Kurt: Jüdische Geschichte. C. H. Beck Verlag,
     München 2002, S.131

4   Barnavi, Eli (Hg.): Universalgeschichte der Juden.
     Von den Ursprüngen bis zur Gegenwart. Verlag Christian
     Brandstätter, Wien 1993, S. 186 ff.

5   Avineri, Schlomo: Theodor Herzl und die Gründung des
     Judenstaates. Jüdischer Verlag im Suhrkamp Verlag,
     Berlin 2016, S.175

6   Aly, Götz: Europa gegen die Juden 1880-1845. S. Fischer
     Verlag, Frankfurt/Main 2017, S. 21

7   Barnavi, Eli (Hg.): Universalgeschichte der Juden.
     Von den Ursprüngen bis zur Gegenwart. Verlag Christian
     Brandstätter, Wien 1993, S. 168

8   Hilberg, Raul: Die Vernichtung der europäischen Juden,
      Band 1, 9. Auflage. Fischer Verlag, Frankfurt/Main 1999,
      S. 73 ff.

9   Durch das »Gesetz zum Schutz deutschen Blutes und der
      deutschen Ehre«wurde auch »arischen« Frauen unter
      45 Jahren verboten in jüdischen Haushalten zu arbeiten,
      und Juden wurde das Hissen der Reichsflagge untersagt.
      RGB1.I, 1935

10   Klee, Ernst: Das Personenlexikon zum Dritten Reich. Wer
      war was vor und nach 194, 2. Auflage. Fischer Taschenbuch,
      Frankfurt/Main 2007, S. 163 und 305

11   Friedländer, Saul: Das Dritte Reich und die Juden. Die Jahre
      der Verfolgung 1933-1939, 3. Auflage. C.H. Beck Verlag,
      München 2007, S.171

12   Klee, Ernst: Das Personenlexikon zum Dritten Reich. Wer
      war was vor und nach 194, 2. Auflage. Fischer Taschenbuch,
      Frankfurt/Main 2007, S. 186 ff.

13   Bernhard Minetti in: *Verschwundene Lieblinge,*
      Dokumentation von Helmer Harald Fischer, ZDF 1990

14   Will Quadflieg, ebenda

15   Raggam-Blesch, Michaela: Alltag unter prekärem Schutz.
      Mischlinge und Geltungsjuden im NS-Regime in Wien, in:
      Zeitgeschichte 6/2016, S. 302

16   Dr. Michaela Raggam-Blesch im Gespräch mit Evelyn
      Steinthaler

17   Dr. Michaela Raggam Blesch im Gespräch mit Evelyn
      Steinthaler

18   Hilberg, Raul: Die Vernichtung der europäischen Juden,
      Band 1, 9. Auflage. S. Fischer Verlag, Frankfurt am Main 1999,
      S. 72

19   Raggam-Blesch, Michaela: Alltag unter prekärem Schutz.
      Mischlinge und Geltungsjuden im NS-Regime in Wien, in:
      Zeitgeschichte 6/2016, S. 302

20   Goebbels zitiert in SWR2 Zeitwort. Carmela Thiele: Die Ur-
      aufführung *Jud Süß* in Venedig am 5. September 1940. Beitrag
      vom 05.09.2013

21   Leiser, Erwin: »Deutschland, erwache!« Propaganda im
      Film des Dritten Reiches, erweiterte Neuausgabe. Rowohlt
      Taschenbuchverlag, Reinbek bei Hamburg 1989, S. 80

22   SWR2 Zeitwort. Carmela Thiele: Die Uraufführung *Jud Süß*
      in Venedig am 5. September 1940. Beitrag vom 05.09.2013

23   Benz, Wolfgang: »Nationalsozialistische Zwangslager« in
      Benz, Wolfgang und Distel, Barbara (Hg.): Der Ort des
      Terrors. C.H. Beck Verlag, München 2008, S. 15

24   Friedländer, Saul: Das Dritte Reich und die Juden.
      Die Jahre der Verfolgung 1933-1939, 3. Auflage.
      C.H.Beck Verlag München 2007, S. 179

25   Hilberg, Raul: Die Vernichtung der europäischen Juden,
      Band 1, 9. Auflage. Fischer Verlag, Frankfurt/Main 1999,
      S. 171 ff.

»DEIN SCHICKSAL IST AUCH MEINS«

26 Zitat aus dem Schlager »Ich weiß, es wird einmal ein Wunder geschehen«. Liedtext: Bruno Balz, Musik: Michael Jary.

27 Sudendorf, Werner: Marlene Dietrich. Deutscher Taschenbuch Verlag Portrait, München 1977, S. 169

28 Mann, Klaus: Mephisto. Roman einer Karriere. Rowohlt, Reinbek bei Hamburg 2000.

29 Nir-Vered, Bettina; Müller, Reinhard; Sherbakowa, Irina; Reznikova, Olga (Hgg.): Carola Neher – gefeiert auf der Bühne, gestorben im Gulag: Kontexte eines Jahrhundertschicksals. Lukas Verlag, Berlin 2016, S. 277 ff.

30 Sherbakowa, Irina: »Kindheit im Zeichen politischer Verfolgung« in: Ebenda, S. 322 ff.

31 Müller, Reinhard: »Carola Neher und Brechts gesammeltes Schweigen« in Ebenda, S. 301 ff.

32 Vgl. *Zur Person:* Gustaf Gründgens im Gespräch mit Günter Gaus, Produktion für das ZDF 1963

33 Longerich, Peter: Goebbels. Biographie. Siedlerverlag, München 2010, S. 22

34 Ebenda, S. 367

35 Fest, Joachim: Das Gesicht des Dritten Reiches. Profile einer totalitären Herrschaft. Piper Verlag, München 1963, S. 122

36 Ebenda, S. 128

37 Longerich, Peter: Goebbels. Biographie. Siedlerverlag, München 2010, S. 353 ff.

38 Vgl. Kapitel »Du weißt, wir sind glücklich«, S. 88 ff.

39 Weninger, Kay: Zwischen Bühne und Baracke. Lexikon der verfolgten Theater-, Film- und Musikkünstler 1933-1945. Metropol Verlag, Berlin 2008, S. 424

40 Ingrid Bergmann übernahm 1938 in Nazideutschland im Film *Die vier Gesellen* mit der Figur der Marianne Kruge eine

der Hauptrollen an der Seite Hans Söhnkers. Dieser Film war der einzige, den der spätere Hollywoodstar in Deutschland gedreht hatte.

Vgl. *Hitlers Hollywood – Das deutsche Kino im Zeitalter der Propaganda 1933–45,* Dokumentation von Rüdiger Suchsland, Deutschland 2017

41 Blubacher, Thomas: Gustaf Gründgens. Biografie. Henschel Verlag, Leipzig 2013, S. 149

42 Vgl. Berliner Gedenktafeln zu Albert Bassermann. www.gedenktafeln-in-berlin.de, zuletzt abgerufen am 30.8.2018

43 Brug, Manuel: Die große Lüge der Zarah Leander. www.welt.de, zuletzt abgerufen am 30.8.2018

44 *Die Akte Zarah Leander.* Dokumentation von Simone Dobmeier und Torsten Striegnitz, arte 2013

45 Presseclippings, Teilnachlass Richard Tauber, Nordico Museum Linz

46 Prieberg, Fred K.: Musik im NS-Staat. Fischer Taschenbuch, Frankfurt 1989, S. 43

47 Vgl. Kapitel »Bricht mir auch heut' das Herz entzwei«, S. 116 ff.

48 Blubacher, Thomas: Gustaf Gründgens. Biographie. Henschel Verlag, Leipzig 2013, S. 158

49 Hilscher, Margot in: *Legenden. Hans Albers.* Dokumentation von Dagmar Wittmers, ARD 2005

50 Ringel, Erwin: Erzählte Geschichte. Dokumentationsarchiv des österreichischen Widerstandes, Wien

51 Yad Vashem – The Righteous Among the Nations: Dorothea Neff. www.yadvashem.org, zuletzt abgerufen am 1.9.2018

52 *Viktor und Viktoria* wurde mehrfach neu verfilmt. Das berühmteste Remake kam 1982 in die Kinos und stammte von Blake Edwards, mit Julie Andrews in der Titelrolle.

53   Bartetzko, Dieter: Blonder Traum: Das kurze Leben der
      Renate Müller. www.faz.net, zuletzt abgerufen am 1.9.2018
54   Frühbeis, Xaver: Rätselhafter Tod von Ufa-Star Renate
      Müller. Bayerischer Rundfunk, 07.10.2014
55   Ebenda
56   Klöckner-Draga, Uwe: Renate Müller. Ihr Leben, ein Draht-
      seilakt. Verlag Kern, Bayreuth 2006, S. 162
57   Ebenda, S. 221
58   Frühbeis, Xaver: Rätselhafter Tod von Ufa-Star Renate
      Müller, Bayerischer Rundfunk, 07.10.2014
59   Steinthaler, Evelyn: Morgen muß ich fort von hier. Richard
      Tauber – Die Emigration eines Weltstars. Milena Verlag,
      Wien 2011, S. 106
60   Ulrich, Rudolf: Österreicher in Hollywood. Verlag Film-
      archiv Austria, Wien 2004, S. 580
61   Klee, Ernst: Das Personenlexikon zum Dritten Reich. Wer
      war was vor und nach 1945, 2. Auflage. Fischer Taschenbuch,
      Frankfurt/Main 2007, S. 253
62   »Lilian kämpfte mit Tränen«, www.spiegel.de, zuletzt abge-
      rufen am 1.9.2018
63   Liebe, Ulrich: Verehrt, Verfolgt, Vergessen – Schauspieler
      als Naziopfer. Quadriga Verlag, 2. Auflage. Weinheim/Berlin
      1997, S. 211 ff.
64   Prieberg, Fred K.: Musik im NS-Staat. Fischer Taschenbuch,
      Frankfurt/Main 1989, S. 34 f.
65   Ebenda, S. 216
66   Klee, Ernst: Das Personenlexikon zum Dritten Reich. Wer
      war was vor und nach 1945, 2. Auflage. Fischer Taschenbuch,
      Frankfurt/Main 2007, S. 160
67   Prieberg, Fred K.: Musik im NS-Staat. Fischer Taschenbuch,
      Frankfurt/Main 1989, S. 214
68   Strauss, Richard, zitiert ebenda, S. 207

69   Hennenberg, Fritz: Es muss was Wunderbares sein.
      Ralph Benatzky zwischen »Weißem Rößl« und Hollywood.
      Zsolnay Verlag, Wien 1998, S. 206

70   Ebenda, S. 246

71   Der Spitzname »Einzi« soll Yvonne Ulrich verliehen worden
      sein, da sie laut Paul Abraham die einzige war, die emigrier-
      ten und verarmten KünstlerInnen Unterstützung organi-
      sierte.
      Vgl. Semrau, Eugen: Robert Stolz. Residenz Verlag, Salzburg
      2002, S. 121

72   Haffner, Ingrid und Herbert: Immer nur lächeln …
      Das Franz-Lehár-Buch. Parthas Verlag, Berlin 1998, S. 184 f.

73   Rathkolb, Oliver: Führertreu und gottbegnadet. Künstler-
      eliten im Dritten Reich. ÖBV, Wien 1991, S. 37

74   Hilberg; Raul: Die Vernichtung der europäischen Juden,
      Band 2. Fischer Taschenbuch, Frankfurt/Main 1990, S. 994

75   Kresse, Dodo und Horvath, Michael: Nur ein Komödiant?
      Hans Moser in den Jahren 1938 bis 1945. Faksimile des
      Schreibens an Hitler vom 24. Oktober 1938. Edition S, Wien
      1994, S. 23

76   Schrader, Bärbel: »Jederzeit widerruflich«. Die Reichs-
      kulturkammer und die Sondergenehmigungen in Theater
      und Film des NS-Staates. Metropol Verlag, Berlin 2008, S. 219

77   Körner, Torsten: Ein guter Freund – Heinz Rühmann.
      Aufbau Verlag, Berlin 2000, S. 173

78   Rathkolb, Oliver: Führertreu und Gottbegnadet, Künstler-
      eliten im Dritten Reich. ÖBV, Wien 1991, S. 35

79   Kresse, Dodo und Horvath, Michael: Nur ein Komödiant?
      Hans Moser in den Jahren 1938 bis 1945. Edition S, Wien 1994,
      S. 45

80   Ebenda, S. 33

81   Leiser, Erwin: »Deutschland, erwache!« Propaganda im Film
     des Dritten Reiches. Rowohlt Verlag, Reinbek 1968, S. 50

82   Kresse, Dodo und Horvath, Michael: Nur ein Komödiant?
     Hans Moser in den Jahren 1938 bis 1945. Edition S, Wien 1994,
     S. 200

83   Rathkolb, Oliver: Führertreu und gottbegnadet. Künstler-
     eliten im Dritten Reich. ÖBV, Wien 1991, S. 174 ff.

84   Vgl. Kapitel »Bricht mir auch heut' das Herz entzwei«,
     S. 116 ff.

85   Schrader, Bärbel: »Jederzeit widerruflich«. Die Reichs-
     kulturkammer und die Sondergenehmigungen in Theater
     und Film des NS-Staates. Metropol Verlag, 2008, Berlin,
     S. 219

86   Klee, Ernst: Das Personenlexikon zum Dritten Reich. Wer
     war was vor und nach 1945, 2. Auflage. Fischer Taschenbuch,
     Frankfurt/Main 2007, S. 189 f.

87   Ebenda S. 507 f.

88   Ebenda, S. 370

89   Schrader, Bärbel: »Jederzeit widerruflich«. Die Reichs-
     kulturkammer und die Sondergenehmigungen in Theater
     und Film des NS-Staates. Metropol Verlag, Berlin 2008, S. 25

90   Ebenda

91   Arbeitsrichtlinien für die Reichskulturkammer. AMdRMK
     VI/3, 1. Februar 1939, S. 6, zitiert nach Prieberg, Fred K.:
     Musik im NS- Staat. Fischer Taschenbuch, Frankfurt/Main
     1989, S. 180

92   Vgl. Kapitel »Bricht mir auch heut' das Herz entzwei«,
     S. 116 ff.

93   Schrader, Bärbel: »Jederzeit widerruflich«. Die Reichs-
     kulturkammer und die Sondergenehmigungen in Theater
     und Film des NS-Staates. Metropol Verlag, Berlin 2008,
     S. 241 ff.

94   Ulrich, Rudolf: Österreicher in Hollywood. Verlag Film-
      archiv Austria, Wien 2004, S. 182

95   Vgl. Kapitel »Du weißt wir sind glücklich«, S. 88 ff.

96   Rathkolb, Oliver: Führertreu und gottbegnadet. Künstler-
      eliten im Dritten Reich. ÖBV, Wien 1991, S. 36

97   Aurich, Rolf und Jacobsen, Wolfgang: Theo Lingen. Das Spiel
      mit der Maske. Biographie. Aufbau Verlag, Berlin 2010, S. 48

98   Blubacher, Thomas: Gustaf Gründgens. Biografie. Henschel
      Verlag, Leipzig 2013, S. 154

99   Ebenda, S. 181

100   Ebenda, S. 184

101   Vgl. *Zur Person:* Gustaf Gründgens im Gespräch mit
      Günter Gaus, Produktion für das ZDF 1963

»NEIN, DARAN HAB ICH NIEMALS GEZWEIFELT«

102   Kurt Weill zitiert von Lotte Lenya in einem Interview mit
      Gottfried Wagner aus dem Jahr 1978, in: Farneth, David:
      Lotte Lenya. Eine Autobiografie in Bildern. Könemann
      Verlag, Köln 1999, S. 95

103   Rosteck, Jens: Zwei auf einer Insel – Lotte Lenya und Kurt
      Weill. Propyläen Verlag, Berlin 1999, S. 147

104   Ebenda, S. 146

105   Prieberg, Fred K.: Musik im NS-Staat. S. Fischer Taschen-
      buch, Frankfurt/Main 1989, S. 107

106   Ebenda, S. 278 ff.

107   Liebe, Ulrich: Verehrt, Verfolgt, Vergessen – Schauspieler
      als Naziopfer. Quadriga Verlag, 2. Auflage. Weinheim/Berlin
      1997, S. 177

108   Ebenda

109   Rosteck, Jens: Zwei auf einer Insel – Lotte Lenya und Kurt
      Weill. Propyläen Verlag, Berlin 1999, S. 145

110   Mann, Klaus: Tagebücher 1931 -1933. Edition Spangenberg,
      Berlin 1989, S. 122

111   Rosteck, Jens: Zwei auf einer Insel – Lotte Lenya und Kurt
      Weill. Propyläen Verlag, Berlin 1999, S. 14 f.

112   Ebenda S. 18 f.

113   Ebenda, S. 59

114   Spoto, Donald: Die Seeräuber Jenny. Das bewegte Leben der
      Lotte Lenya. Knaur Verlag, München 1993, S. 35

115   Ebenda, S. 76

116   Schebera, Jürgen: Kurt Weill: 1900-1950. Eine Biographie in
      Texten, Bildern und Dokumenten. Deutscher Verlag für
      Musik, Mainz 1990, S. 113

117   Rosteck, Jens: Zwei auf einer Insel – Lotte Lenya und Kurt
      Weill. Propyläen Verlag, Berlin 1999, S. 27

118   Ebenda, S. 42

119   Im erhaltenen Briefwechsel zwischen Lenya und Weill
      finden sich zahlreiche Kosenamen, die sich die beiden
      gegeben hatten. Davon war »Linntschkerl« einer der vielen,
      die sich Weill für Lenya ausgedacht hatte.
      Vgl. Symonette, Lys und Kowalke, Kim H. (Hg.): Sprich leise,
      wenn du Liebe sagst. Der Briefwechsel Kurt Weill – Lotte
      Lenya. Verlag Kiepenheuer & Witsch, Köln 1998, S. 514

120   Spoto, Donald: Die Seeräuber Jenny. Das bewegte Leben der
      Lotte Lenya. Knaur Verlag, München 1993, S. 86

121   Farneth, David (Hg.): Lotte Lenya. Eine Autobiographie in
      Bildern. Könemann Verlag, Köln 1999, S. 78

122   Symonette, Lys und Kowalke, Kim H. (Hg.): Sprich leise,
      wenn du Liebe sagst. Der Briefwechsel Kurt Weill – Lotte
      Lenya. Verlag Kiepenheuer & Witsch, Köln 1998, S. 86

123   Spoto, Donald: Die Seeräuber Jenny. Das bewegte Leben der
      Lotte Lenya. Knaur Verlag, München 1993, S. 138

124   Rosteck, Jens: Zwei auf einer Insel – Lotte Lenya und Kurt
      Weill. Propyläen Verlag, Berlin 1999, S. 142

125   Vgl. Kapitel »Denn dein Schicksal ist auch meins«, S. 18 ff.

126   Rosteck, Jens: Zwei auf einer Insel – Lotte Lenya und Kurt
      Weill. Propyläen Verlag, Berlin 1999, S. 145

127   Leister, Wolf-Rüdiger: Hans Fallada - Der unbeugsame
      Autor. Nordmagazin, 20.01.2017, NDR

128   Farneth, David (Hg.): Lotte Lenya. Eine Autobiographie in
      Bildern. Könemann Verlag, Köln 1999, S. 79

129   Lotte Lenya interviewt von Gottfried Wagner, 1978.
      In: Ebenda, S. 78

130   Symonette, Lys und Kowalke, Kim H. (Hg.): Sprich leise,
      wenn du Liebe sagst. Der Briefwechsel Kurt Weill – Lotte
      Lenya. Verlag Kiepenheuer & Witsch, Köln 1998, S. 87

131 Spoto, Donald: Die Seeräuber Jenny. Das bewegte Leben der Lotte Lenya, Knaur Verlag, München 1993, S. 144

132 Hilberg, Raul: Die Vernichtung der europäischen Juden, Band 1. Fischer Taschenbuch, Frankfurt/Main 1999, S. 140 ff.

133 Symonette Lys und Kowalke, Kim H. (Hg.): Sprich leise, wenn du Liebe sagst. Der Briefwechsel Kurt Weill – Lotte Lenya. Verlag Kiepenheuer & Witsch, Köln 1998, S. 110

134 Rosteck, Jens: Zwei auf einer Insel – Lotte Lenya und Kurt Weill. Propyläen Verlag, Berlin 1999, S. 158

135 Symonette, Lys und Kowalke, Kim H. (Hg.): Sprich leise, wenn du Liebe sagst. Der Briefwechsel Kurt Weill – Lotte Lenya. Verlag Kiepenheuer & Witsch, Köln 1998, S. 112

136 Spoto, Donald: Die Seeräuber Jenny. Das bewegte Leben der Lotte Lenya. Knaur Verlag, München 1993, S. 141

137 Brief Kurt Weills vom 8. Dezember 1933 in: Symonette, Lys und Kowalke, Kim H. (Hg): Sprich leise, wenn du Liebe sagst. Der Briefwechsel Kurt Weill – Lotte Lenya. Verlag Kiepenheuer & Witsch, Köln 1998, S. 114 f.

138 Ebenda, S. 146

139 Tennenbaum, Jacob in: Traussnig, Florian: Geistiger Widerstand von außen – Österreicher in US-Propagandainstitutionen. Böhlau, Wien 2017, S. 354 ff.

140 Karner, Otto: »Zwischen Entnazifizierung und Kaltem Krieg – Die Kulturpolitik der vier Besatzungsmächte« in: Gassl, Markus und Kapp, Reinhard und Rethgeber, Elke (Hg.): Österreichs neue Musik nach 1945: Karl Schiske. Böhlau Verlag, Wien 2008, S. 37 ff.

141 Rosteck, Jens: Zwei auf einer Insel – Lotte Lenya und Kurt Weill. Propyläen Verlag, Berlin 1999, S. 187

142 Ebenda

143 Ebenda, S. 195

144   Farneth, David (Hg.): Lotte Lenya. Eine Autobiographie in
      Bildern. Könemann Verlag, Köln 1999, S. 89

145   Ebenda, S. 95

146   Farneth, David (Hg.): Lotte Lenya. Eine Autobiographie in
      Bildern. Könemann Verlag, Köln 1999, S. 103

147   Grosch, Nils: Weill. In: Jahrbuch des deutschen Volkslied-
      archivs. Lied und Populäre Kultur. Waxmann Verlag,
      Freiburg 2005/2006, S. 145

148   Rosteck, Jens: Zwei auf einer Insel – Lotte Lenya und Kurt
      Weill. Propyläen Verlag, Berlin 1999, S. 263 ff.

149   Brief Weill an Lenya vom 8. April 1942 in: Symonette, Lys
      und Kowalke, Kim H. (Hg.): Sprich leise, wenn du Liebe
      sagst. Der Briefwechsel Kurt Weill – Lotte Lenya. Verlag
      Kiepenheuer & Witsch, Köln 1998, S. 325

150   Rosteck, Jens: Zwei auf einer Insel – Lotte Lenya und Kurt
      Weill, Propyläen Verlag, Berlin 1999, S. 265

151   Farneth, David (Hg.): Lotte Lenya. Eine Autobiographie in
      Bildern. Könemann Verlag, Köln 1999, S. 197

152   Spoto, Donald: Die Seeräuber Jenny. Das bewegte Leben der
      Lotte Lenya. Knaur Verlag, München 1993, S. 239

»DU WEISST, WIR SIND GLÜCKLICH«

153 Brief von Meta Wolff an ihre Freundin Fanny vom
5. November 1941, vgl.: Liebe, Ulrich: Verehrt, Verfolgt,
Vergessen – Schauspieler als Naziopfer, 2. Auflage. Quadriga
Verlag, Weinheim/Berlin 1997, S.92

154 Gustav Knuth zitiert in: *Joachim Gottschalk – Es wird schon nicht
so schlimm.* Ein Film von Fred Gehler und Ullrich Kasten,
Fernsehen der DDR 1985

155 Riess, Curt: Das gab's nur einmal. Verlag der Sternbücher,
Hamburg 1956, S. 668

156 Kurt Meisel in: *Verschwundene Lieblinge.* Dokumentation von
Helmer Harald Fischer, ZDF 1990

157 Horney, Brigitte: So oder so ist das Leben (aufgezeichnet von
Gerd H. Heyerdahl). Scherz Verlag, Bern 1992, S. 68

158 Riess, Curt: Das gab's nur einmal. Verlag der Sternbücher,
Hamburg 1956, S. 677

159 Vgl. »Ausweg der Verzweifelten« von Thomas Kunze,
Jüdische Allgemeine, zuletzt abgerufen am 30.8.2018

160 Fröhlich, Elke (Hg.): Die Tagebücher von Joseph Goebbels,
Aufzeichnungen 1941-1945. Institut für Zeitgeschichte in
Zusammenarbeit mit dem Bundesarchiv. K.G. Saur Verlag,
München/New Providence/London/Paris 1996, S. 247

161 Klee, Ernst: Das Personenlexikon zum Dritten Reich. Wer
war was vor und nach 1945, 2. Auflage. Fischer Taschenbuch,
Frankfurt/Main 2007, S. 257

162 Mit einer Verordnung vom 1. September 1941, gültig ab
15. September des Jahres, mussten alle Juden und Jüdinnen
ab dem sechsten Lebensjahr im Großdeutschen Reich und
dem Protektorat Böhmen und Mähren einen handteller-
großen gelben Stern, auf dem »Jude« geschrieben stand, auf
der linken Seite ihrer Kleidung aufgenäht, sichtbar tragen.

Das Tragen des Sterns wurde von den Behörden strengstens kontrolliert. Gleichzeitig wurde Juden und Jüdinnen verboten ohne polizeiliche Genehmigung die Gemeinde zu verlassen, in der sie lebten.
Vgl. Friedländer, Saul: Die Jahre der Vernichtung. Das Dritte Reich und die Juden 1939-1945. C. H. Beck Verlag, München 2006, S. 279 ff.

163   Vortrag Dr. Hubert Schneider zum Film *Ehe ohne Schatten* für den Bochumer Bürgerverein »Erinnern für die Zukunft« vom 9. November 2012

164   Schülerinnenaufstellung Lehr- und Versuchsanstalt für Photographie München, Sammlung Nora Lahmann

165   Liebe, Ulrich: Verehrt, Verfolgt, Vergessen – Schauspieler als Naziopfer, 2. Auflage. Quadriga Verlag, Weinheim/Berlin 1997, S. 65

166   Ebenda

167   Ebenda, S. 71

168   Brief von Meta Wolff, zitiert nach Dr. Hubert Schneider

169   Dr. Michaela Raggam-Blesch im Gespräch mit Evelyn Steinthaler

170   Liebe, Ulrich: Verehrt, Verfolgt, Vergessen – Schauspieler als Naziopfer. 2. Auflage. Quadriga Verlag, Weinheim/Berlin 1997, S. 78

171   Der gebürtige Wiener Gustav Ucicky, der uneheliche Sohn Gustav Klimts, war drei Jahre später als Regisseur für den berüchtigten antipolnischen Propagandafilm *Heimkehr* mit Paula Wessely in der Hauptrolle verantwortlich.

172   Brecht, Christoph und Loacker, Armin und Steiner, Ines: Professionalist und Propagandist: der Kameramann und Regisseur Gustav Ucicky. Filmarchiv Austria 2014, S. 271 f.

173 Liebe, Ulrich: Verehrt, Verfolgt, Vergessen – Schauspieler als Naziopfer, 2. Auflage. Quadriga Verlag, Weinheim/Berlin 1997, S.82

174 Horney, Brigitte: So oder so ist das Leben (aufgezeichnet von Gerd H. Heyerdahl). Scherz Verlag, Bern/Wien 1992, S.110 ff.

175 Schrader, Bärbel: »Jederzeit widerruflich«. Die Reichs-kulturkammer und die Sondergenehmigungen in Theater und Film des NS-Staates. Metropol Verlag, Berlin 2008, S. 144 f.

176 Liebe, Ulrich: Verehrt, Verfolgt, Vergessen – Schauspieler als Naziopfer. 2. Auflage. Quadriga Verlag, Weinheim/Berlin 1997, S. 83

177 Ebenda, S.92

178 Horney, Brigitte: So oder so ist das Leben (aufgezeichnet von Gerd H. Heyerdahl). Scherz Verlag, Bern/Wien 1992, S. 110

179 Gustav Ucicky in: Brecht, Christoph und Loacker, Armin und Steiner, Ines: Professionalist und Propagandist: der Kameramann und Regisseur Gustav Ucicky. Filmarchiv Austria, Wien 2014, S. 524

180 Joseph Goebbels zitiert in: *Joachim Gottschalk – Es wird schon nicht so schlimm.* Ein Film von Fred Gehler und Ullrich Kasten, Fernsehen der DDR 1985

181 Harlan, Veit: Im Schatten meiner Filme. Mohn Verlag, Güthersloh 1966, S. 144 ff.

182 Schrader, Bärbel: »Jederzeit widerruflich«. Die Reichs-kulturkammer und die Sondergenehmigungen in Theater und Film des NS-Staates. Metropol Verlag, Berlin 2008, S. 145

183 Liebe, Ulrich: Verehrt, Verfolgt, Vergessen – Schauspieler als Naziopfer, 2. Auflage. Quadriga Verlag, Weinheim/Berlin 1997, S. 92

184 Zitiert nach einem Brief von Meta Wolff aus dem Nachlass von Friedrich Wolff, Frankfurter Stadtarchiv.

185   Liebe, Ulrich: Verehrt, Verfolgt, Vergessen – Schauspieler
      als Naziopfer, 2. Auflage. Quadriga Verlag, Weinheim/Berlin
      1997, S. 93
186   Schrader, Bärbel: »Jederzeit widerruflich«. Die
      Reichskulturkammer und die Sondergenehmigungen in
      Theater und Film im NS-Staates. Metropol Verlag, Berlin
      2008, S. 219
187   Vgl. Ramm, Carsten (Hg.): Hans Schweikart – Es wird schon
      nicht so schlimm! Verbrecher Verlag, Berlin 2014
188   Riess, Curt: Das gab's nur einmal. Molden Verlag, Wien 1977,
      S. 141

»BRICHT MIR AUCH HEUT' DAS HERZ ENTZWEI«

189   Zitiert aus dem Schlager »Goodbye Johnny«. Text: Hans Fritz
       Beckermann, Musik: Peter Kreuder

190   Mann, Klaus: Tagebücher 1931 -1933. Edition Spangenberg,
       Berlin 1989, S. 164 und 169

191   Kracauer, Siegried: Von Caligari zu Hitler. Eine psychologi-
       sche Geschichte des deutschen Films. Suhrkamp Taschen-
       buch Wissenschaft, 10. Auflage. Frankfurt/Main 2017, S. 223 ff.

192   Wegner, Matthias: Hans Albers. Ellert & Richter Verlag,
       Hamburg 2005, S. 82

193   Ebenda, S. 75

194   Wegner, Matthias: Hans Albers. Ellert & Richter Verlag,
       Hamburg 2005, S. 16 ff.

195   Blumenberg, Hans-Christoph: So wahr ich der liebe Gott
       bin ... Hans Albers: Ein deutscher Star. www.spiegel.de,
       zuletzt abgerufen am 1.9.2018

196   Wegner, Matthias: Hans Albers. Ellert & Richter Verlag,
       Hamburg 2005, S. 19

197   Blumenberg, Hans-Christoph: In meinem Herzen, Schatz ...
       Die Lebensreise des Schauspielers und Sängers Hans Albers.
       Fischer Verlag Cinema, Frankfurt/Main 1991, S. 30 ff.

198   Wegner, Matthias: Hans Albers. Ellert & Richter Verlag,
       Hamburg 2005, S. 24

199   Hans Albers, zitiert nach· *Legenden: Hans Albers.*
       Dokumentation von Dagmar Wittmers, ARD 2005

200   Hansi Burg, zitiert nach: *Legenden: Hans Albers.*
       Dokumentation von Dagmar Wittmers, ARD 2005

201   Blumenberg, Hans-Christoph: So wahr ich der liebe Gott
       bin ... Hans Albers: Ein deutscher Star. www.spiegel.de,
       zuletzt abgerufen am 1.9.2018

202 Filmmuseum Potsdam (Hg.): Hans Albers – Ein Leben in
     Bildern. Henschel Verlag, Berlin 1997, S. 27

203 Krützen, Michaela: Hans Albers. Eine deutsche Karriere.
     Quadriga Verlag, Weinheim, Berlin 1995, S. 30

204 Wegner, Matthias: Hans Albers. Ellert & Richter Verlag,
     Hamburg 2005, S. 38

205 Hansi Burg, zitiert nach: *Legenden: Hans Albers.*
     Dokumentation von Dagmar Wittmers, ARD 2005

206 Klee, Ernst: Das Personenlexikon zum Dritten Reich. Wer
     war was vor und nach 1945, 2. Auflage. Fischer Taschenbuch,
     Frankfurt/Main 2007, S. 170

207 Kracauer, Siegried: Von Caligari bis Hitler. Eine psycholo-
     gische Geschichte des deutschen Films, 10. Auflage. Fischer
     Taschenbuch Wissenschaft, Frankfurt/Main 2017, S. 17

208 Rieschbieter, Henning: »Theater als Kunst und als Geschäft.«
     in: »Theatralia Judiaca: Emanzipation und Antisemitismus
     als Momente der Theatergeschichte«, Bayerdörfer, Hans-
     Peter (Hg.): Theatron Band 7. Tübingen 1992, S. 215

209 Blumenberg, Hans-Christoph: In meinem Herzen, Schatz …
     Die Lebensreise des Schauspielers und Sängers Hans Albers.
     Fischer Verlag Cinema, Frankfurt/Main 1991, S. 66

210 Der Film wurde fälschlich unter dem Titel *Der Führer schenkt
     den Juden eine Stad*t bekannt. (Anm. der Autorin)

211 Liebe, Ulrich: Verehrt, Verfolgt, Vergessen – Schauspieler
     als Naziopfer, 2. Auflage. Quadriga Verlag, Weinheim/Berlin
     1997, S. 55 ff.

212 Thomalla, Georg und Thouet, Peter M.: In aller Herzlichkeit.
     Verlag Langen Müller, Wien/München 1988, S. 133

213 Krützen, Michaela: Hans Albers. Eine deutsche Karriere.
     Quadriga Verlag, Weinheim/Berlin 1995, S. 146

214 Ebenda, S. 148

215   Eckardt, Emanuel: »So wahr ich der liebe Gott bin«.
      www.zeit.de, zuletzt abgerufen am 30.8.2018
216   Krützen, Michaela: Hans Albers. Eine deutsche Karriere.
      Quadriga Verlag, Weinheim/Berlin 1995, S. 178
217   Koch, Hans Jürgen und Glaser, Hermann: Ganz Ohr. Eine
      Kulturgeschichte des Radios in Deutschland. Böhlau Verlag,
      Köln/Weimar/Wien 2005, S. 130
218   Krützen, Michaela: Hans Albers. Eine deutsche Karriere.
      Quadriga Verlag, Weinheim/Berlin 1995, S. 246
219   Ebenda, S. 241
220   Ebenda, S. 242
221   Reuth, Ralf Georg: Joseph Goebbels Tagebücher, Band 3:
      1935-1939, 4. Auflage. Piper Verlag, München 2008, S. 1091
222   Krützen, Michaela: Hans Albers. Eine deutsche Karriere.
      Quadriga Verlag, Weinheim/Berlin 1995, S. 186
223   Ebenda, S. 445
224   Blumenberg, Hans-Christoph: In meinem Herzen, Schatz ...
      Die Lebensreise des Schauspielers und Sängers Hans Albers.
      Fischer Verlag Cinema, Frankfurt/Main 1991, S. 66
225   Krützen, Michaela: Hans Albers. Eine deutsche Karriere.
      Quadriga Verlag, Weinheim/Berlin 1995, S. 156
226   Ebenda
227   Wegner, Matthias: Hans Albers. Ellert & Richter Verlag,
      Hamburg 2005, S. 39 ff.
228   Messinger, Irene: Schein oder nicht Schein. Konstruktion
      und Kriminalisierung von »Scheinehen in Geschichte und
      Gegenwart. Mandelbaum Verlag, Wien 2012, S. 20
229   Hansi Burg an Hans Albers. Undatierter Brief, Filmarchiv
      Potsdam
230   Ebenda
231   Ebenda

232 Hans Albers zitiert nach Eckardt, Emanuel: »So wahr ich der liebe Gott bin«. www.zeit.de, zuletzt abgerufen am 30.8.2018

233 Rodeck, Hanns-Georg: Ein NS-Spitzel denunziert den »Titanic«-Regisseur. www.welt.net, zuletzt abgerufen am 30.8.2018

234 Zitiert aus dem Schlager »Goodbye Johnny«. Text: Hans Fritz Beckermann, Musik: Peter Kreuder

235 Kiaulehn, Walther: »Adieu, Hans Albers« in: Neue Illustrierte Nr. 34, 20. August 1960, Köln. Filmarchiv Potsdam.

236 Wegner, Matthias: Hans Albers. Ellert & Richter Verlag, Hamburg 2005, S. 82

237 Liebe, Ulrich: Verehrt, Verfolgt, Vergessen – Schauspieler als Naziopfer, 2. Auflage. Quadriga Verlag, Weinheim/Berlin 1997, S. 221

238 Wegner, Matthias: Hans Albers. Ellert & Richter Verlag, Hamburg 2005, S. 97

239 Artur Brauner in: *Hans Albers: Leinwand und Privatleben.* Dokumentation von Dagmar Wittmers, ARD 2005

240 Klee, Ernst: Das Personenlexikon zum Dritten Reich. Wer war was vor und nach 1945, 2. Auflage. Fischer Taschenbuch, Frankfurt/Main 2007, S. 166

241 Tschechowa, Olga: Meine Uhren gehen anders. Herbig Verlag, München/Berlin 1973, S. 126

242 Filmmuseum Potsdam: Hans Albers – Ein Leben in Bildern. Henschel Verlag, Berlin 1997, S. 98

243 Blumenberg, Christoph: Fritz Kortner zitiert in »So wahr ich der liebe Gott bin«. www.spiegel.de, zuletzt abgerufen am 30.8.2018

244 Vgl. Kapitel »Dein Schicksal ist auch meins«, S. 23 ff.

245 Krützen, Michaela: Hans Albers. Eine deutsche Karriere. Quadriga Verlag, Weinheim/Berlin 1995, S. 317

246   Wegner, Matthias: Hans Albers. Ellert & Richter Verlag,
      Hamburg 2005, S. 125
247   Ebenda, S. 128 ff.

»UND WENN DIE GANZE WELT ZUSAMMENFÄLLT«

248 Zitiert aus »Ein Freund, ein guter Freund«. Text: Robert
     Gilbert, Musik: Werner Richard Heymann
249 Reuth, Ralf Georg (Hg.): Joseph Goebbels – Tagebücher
     Band 3: 1935-1939, 4. Auflage. Piper Verlag, München 2008, S.
     1002
250 Körner, Thorsten: Ein guter Freund – Heinz Rühmann.
     Aufbau Verlag, Berlin 2000, S. 92
251 Ebenda, S. 128
252 Sellin, Fred: »Ich brech' die Herzen ...« Rowohlt Taschen-
     buch, Reinbek 2002, S. 158
253 Körner, Thorsten: Ein guter Freund – Heinz Rühmann.
     Aufbau Verlag, Berlin 2001, S. 21
254 Blumenberg, Hans-Christoph: »So wahr ich der liebe Gott
     bin ...« Hans Albers: Ein deutscher Star. www.spiegel.de,
     zuletzt abgerufen am 1.9.2018
255 Körner, Thorsten: Ein guter Freund – Heinz Rühmann.
     Aufbau Verlag, Berlin 2001, S. 95
256 Görtz, Franz Joseph und Sarkowicz, Hans: Heinz Rühmann
     1902-1994. Ein Schauspieler und sein Jahrhundert. C.H. Beck
     Verlag, München 2001, S. 144
257 Ebenda, S. 143
258 Vgl. *Verschwundene Lieblinge.* Dokumentation von Helmer
     Harald Fischer, ZDF 1990
259 Liebe, Ulrich: Verehrt, Verfolgt, Vergessen – Schauspieler
     als Naziopfer. 2. Auflage. Quadriga Verlag, Weinheim/Berlin
     1997, S. 209
260 Körner, Thorsten: Ein guter Freund – Heinz Rühmann.
     Aufbau Verlag, Berlin 2001, S. 173

261 Körner, Thorsten: Der kleine Mann als Star. Heinz Rühmann und seine Filme der 50er Jahre. Campus Verlag, Frankfurt/ Main 2001, S. 28

262 Sarkowicz, Hans (Hg.): Hitlers Künstler – Die Kunst im Dienst des Nationalsozialismus. Insel Verlag, Frankfurt am Main 2004, S. 10

263 Ebenda

264 Vgl. Kapitel »Dein Schicksal ist auch meins«, S. 23 ff.

265 Körner, Thorsten: Heinz Rühmann. Ein guter Freund, Aufbau Verlag, Berlin 2001, S. 191

266 Rühmann, Heinz: Das war's. Erinnerungen. Ullstein Verlag, Berlin 1982, S. 132

267 Körner, Thorsten: Ein guter Freund – Heinz Rühmann. Aufbau Verlag, Berlin 2001, S. 234

268 Ebenda, S. 193

269 Vgl. Kapitel »Dein Schicksal ist auch meins«, S. 23 ff.

270 Körner, Thorsten: Ein guter Freund – Heinz Rühmann. Aufbau Verlag, Berlin 2001, S. 196

271 Rühmann, Heinz: Das war's. Erinnerungen. Ullstein Verlag, Berlin 1982, S. 136

272 Ebenda, S. 138

273 Rathkolb, Oliver: Führertreu und gottbegnadet. Künstler- eliten im Dritten Reich. ÖBV, Wien 1991, S. 35

274 Wyllie, James: Albert Göring: Gegen meinen Bruder und alle Nazis. Magnus Verlag, Essen 2006. S. 130

275 Leiser, Erwin: Deutschland, erwache! Film als Propaganda im NS-Staat. Dokumentation 1968, Edition Die großen Dokumentaristen, absolut Medien

276 1938 entdeckten Wiener Ahnenforscher nach dem »Anschluss« Österreichs unter den Ahnen der Strauß- Komponisten jüdische Vorfahren. Den »Nürnberger Gesetzen« entsprechend wäre Johann Strauß Vater

»Vierteljude« gewesen und der Walzerkönig, Johann Strauß Sohn, »Achteljude«. Diese Neuigkeiten wurden dem Gausippenamt gemeldet und so erreichten sie auch Goebbels in Berlin. Der Minister ließ den Matrikelband und das Register beschlagnahmen und im Wiener Haus-, Hof-, und Staatsarchiv als »Geheime Reichssache« unter Verschluss legen. Die Pfarre St. Stephan bekam die Straußschen Unterlagen mit den gelöschten jüdischen Ahnen retour. Die aufwendige Geheimhaltung verdeutlicht einmal mehr, wie umfassend der Rassenfanatismus für die Nationalsozialisten war und wie groß die Angst, einer der populärsten Komponisten würde nicht mehr aufgeführt werden können. Vgl. Prieberg, Fred K.: Musik im NS- Staat, Fischer Taschenbuch, Frankfurt/Main 1989, S. 56 ff.

277 Fröhlich, Elke (Hg.): Die Tagebücher von Joseph Goebbels, Aufzeichnungen 1923 – 1941. Institut für Zeitgeschichte in Zusammenarbeit mit dem Bundesarchiv, S. 378

278 Ebenda, S. 311

279 www.filmszene.com, zuletzt abgerufen am 30.8.2018

280 Vgl. Brinker, Käthe: Heinz Rühmann und Hertha Feiler. Er und Sie. Wilhelm Gründler Verlag, Berlin 1940

281 Körner, Thorsten: Ein guter Freund – Heinz Rühmann. Aufbau Verlag, Berlin 2000, S. 208

282 Brinker, Käthe: Heinz Rühmann und Hertha Feiler. Er und Sie. Wilhelm Gründler Verlag, Berlin 1940, S. 46 und 48

283 Sellin, Fred: Ich brech' die Herzen … Rowohlt Verlag, Reinbek bei Hamburg 2001, S. 209

284 Körner, Thorsten: Ein guter Freund – Heinz Rühmann. Aufbau Verlag, Berlin 2000, S. 208

285 *Hitlers nützliche Idole. Heinz Rühmann der Schauspieler.* Film von Michael Strauven, ZDF 2007

286 Schrader, Bärbel: »Jederzeit widerruflich«. Die Reichs-
     kulturkammer und die Sondergenehmigungen in Theater
     und Film des NS-Staates. Metropol Verlag, Berlin 2008, S. 337
287 Vgl. Rühmann, Heinz: Das war's. Erinnerungen. Ullstein
     Verlag, Berlin 1982
288 Körner, Thorsten: Ein guter Freund – Heinz Rühmann.
     Aufbau Verlag, Berlin 2000, S. 261
289 Ebenda
290 Ebenda, S. 268 ff.

WAS IST AUS UNS GEWORDEN?

291 Zitat aus dem Lied »Über uns der Himmel«. Text: Michael
     Freytag, Musik: Theo Mackeben
292 Vgl. Klemperer, Victor: LTI. Notizen eines Philologen,
     21. Auflage. Reclam, Leipzig 2005
293 Rathkolb, Oliver: Führertreu und gottbegnadet. Künstler-
     eliten im Dritten Reich. ÖBV, Wien 1991, S. 245
294 Spiel, Hilde: Rückkehr nach Wien. Mit einem Vorwort von
     Daniela Strigl. Milena Verlag, Wien 2009, S. 74
295 Innenminister Helmer tat sich nicht nur mit seinem
     berüchtigten Vorschlag der Restitutionsverzögerung her-
     vor, wie in Ministerratsprotokollen vom 9. November 1948,
     zehn Jahre nach dem Novemberpogrom, festgehalten
     Vgl. »Ich bin dafür, die Sache in die Länge zu ziehen«. Wort-
     protokolle der österreichischen Bundesregierung von 1945-
     52 über die Entschädigung der Juden. Herausgegeben von
     Robert G. Knight. Böhlau Verlag, Wien/Köln/Weimar 2000.
     Helmer setzte sich auch für die vorzeitige Begnadigung
     verurteilter Nationalsozialisten ein.
     Vgl. Kuretsidis-Haider, Claudia: »Persönliche Schuld ist
     faktisch keine vorhanden«. Innenminister Oskar Helmer
     und die Begnadigung von verurteilten NS-Tätern. In Justiz &
     Erinnerung Nr. 8/Oktober 2003

PERSONENREGISTER

www.kremayr-scheriau.at

ISBN 978-3-218-01130-3

Bildnachweis:
Schutzumschlaggestaltung: Christine Fischer, unter Verwendung von:
U1 oben: Filmmuseum Potsdam/Sammlung Hans Albers (Felix Felzmann);
U1 unten: Hans Schaller/akg-images/picturedesk.com;
U4 oben: Archiv Evelyn Steinthaler; U4 unten: Nachlass Familie Wolff privat/
Sammlung Nora Lahmann

Sammlung Österreichisches Filmmuseum/Collection Austrian Film Museum
S. 22 links: Ufa; S. 22 rechts: M. Bucovich (Atelier K. Schenker)/Ross-Verlag;
S. 25: k.A.; S. 29: Ufa; S. 32: J.B. Zimbler/Wien; S. 34 links: Harcourt Paris;
S. 34 rechts: Ufa; S. 40: Ufa; S. 45 unten: k.A.; S. 56: Bavaria/Ross-Verlag;
S. 74: k.A.; S. 102: Bavaria-Filmkunst/Modl; S. 104: Terra-Filmkunst;
S. 110: Ufa Bibliothek; S. 128: Fayer/Wien; S. 133: k.A.; S. 141: Bavaria;
S. 153: Bavaria Filmkunst/Lüdtke; S. 167: Terra/Baumann

Picturedesk.com
S. 51: Anonym/Imagno; S. 55, 61, 122, 126, 150: Ullstein Bild; S. 62: Röhnert Ursula/
SZ-Photo; S. 72: Friedrich/Interfoto; S. 107: Abraham Pisarek/Ullstein Bild;
S. 120, 149, 177: akg-images; S. 156, 157, 162: Scherl/SZ-Photo

S. 84, 98, 116: Archiv Evelyn Steinthaler; S. 88 & 94: Nachlass Familie Wolff;
Archiv Nora Lahmann; S. 112: ISG_S1/62-7/Stadtarchiv Frankfurt;
S. 115: k.A.; S. 169: Hans Schaller/Stiftung Deutsche Kinemathek

Typografische Gestaltung und Satz: Sheila Ehm

Druck und Bindung: Christian Theiss GmbH, St. Stefan i. Lavanttal

Gefördert von